ふたつの祖国に育まれて

日本とアメリカ往ったり来たり

髙山成雄
Shigeo Takayama

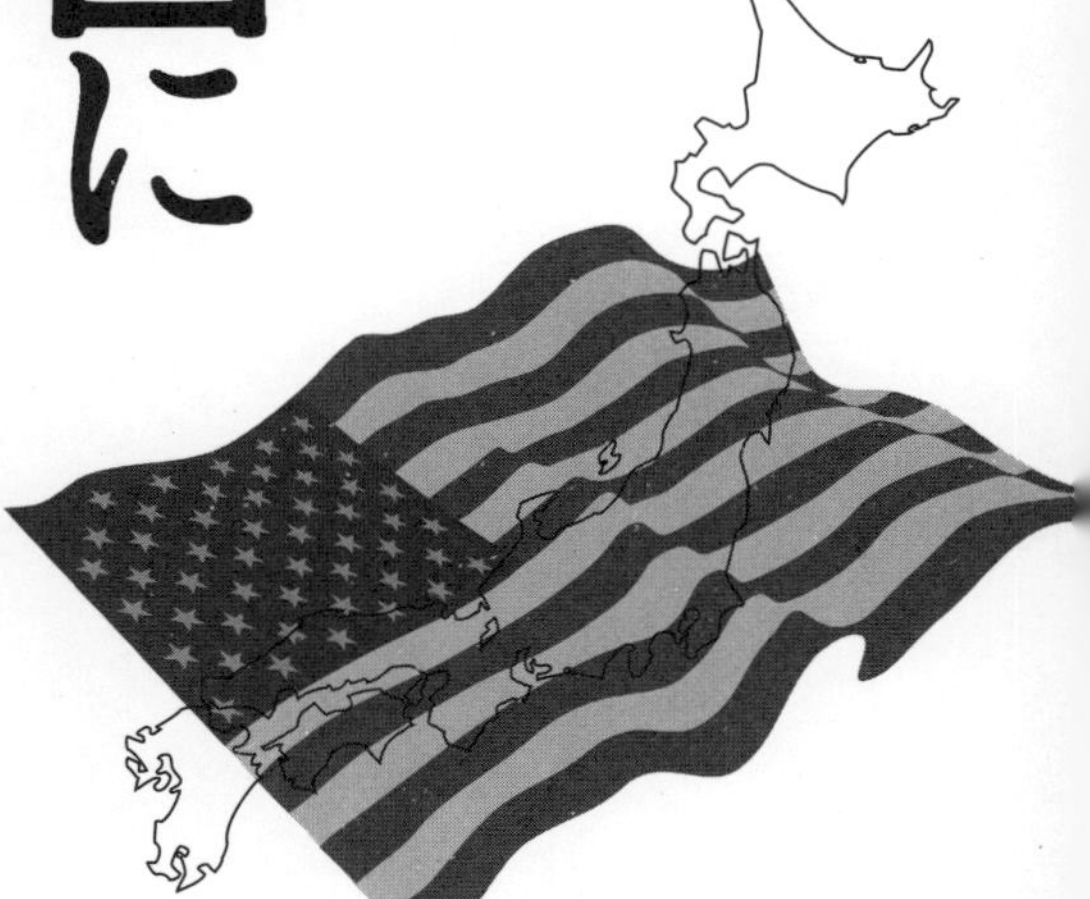

文芸社

はじめに

私は、どうも一風変わった人間のようです。日本人の心と肉体の中にアメリカの自由な精神、教育をぶち込まれて育ったせいでしょう。

私のこれまでの人生は一筋縄にはいきませんでした。日米関係の変動、戦争という歴史の大きなうねり、家族の事情や、友人知人との関係など、種々の要因に翻弄され、紆余曲折を経てここまでまいりました。全く未知の領域にチャレンジすることの連続で、そのプレッシャーに耐え、はね返してきた人生だったと思います。

生来の負けず嫌いな性格ゆえに「なにくそ」という意気で努力をいたしましたが、いくら頑張っても不可抗力で思い通りにならなかった部分も数多くあります。

しかし、今思うとそれが良かったのでしょう。面白いことに、脇道に逸れたり寄り道をすることで、私の生き方の幅は広がり、人生は確実に豊かさを増していったのです。

私の妻の名前は恵《めぐみ》と申しますが、神様は妻と私の人生に数々の恵みを与えてくださいました。来し方を振り返るにつけ、私はラッキーであった、幸運に恵まれた男だ、とあらためて感じずにはいられないのです。

私の人生もそろそろ黄昏を迎えました。枯葉が枝から落ちるように、いつ神様に召されるか分かりません。ここらで八八年有余の人生を振り返り、その足跡を文章の形で残しておこうと思い立ち、ペンを執りました。

日ごろ昔話をすることもありませんが、少なくとも子どもたち、孫たち、ともに社業を支えてくれた仲間たちに、私がどんな人生を歩んできたかを知ってもらえれば幸いです。

平成一六年九月

高山成雄

目次

第一部　アメリカ生まれの日本育ち

髭の痛み

一九一六年（大正五年）五月二七日。オレンジ色の太陽が燦々とふりそそぐ広大なカリフォルニアの大地に私は生を享けました。

父・七之丞《しちのじょう》は日露戦争において大腿部に砲弾破片を受け負傷し、戦後一九〇六年、私が生まれる一〇年前に移民として渡米。母・よねとの間にすでに一男二女をもうけておりました。私は一家の四番目の子どもで、次男として生まれたのですが、兄が夭折したため跡取り息子として、実質的には長男のように育てられました。とは申しましても私は物心ついてしばらくは、両親の記憶がありません。子ども時代を過ごしたのは、両親が生活していたカリフォルニアの地ではなかったからです。

うす桃色にけぶる一面のレンゲ草。むせかえるような香りを放つ菜の花畑。秋には実りの稲穂。清涼な水をたたえて流れる雲出川、青々とした海。私が三歳から一〇年間を過ごした父の故郷、三重県の矢野村は海に面した白砂青松の海岸と風光明媚な田園地帯、美しい自然に恵まれた、古き良き日本の田舎そのものでした。

筆者１歳。生地・カリフォルニアの公園にて

この村で自然の恵みを吸収して育った私は、自分の身体の中に美しい日本の自然が息づいていることを折々に感じて生きてまいりました。肉や骨に自然の息吹きを採り入れて育ったため、純粋な人間に育ち、どちらかといえば甘えん坊に育てられたような気がします。

三歳で渡米中の両親のもとから離され、三重県の父方の祖父母に預けられていた私でしたが、だからといって寂しかったような記憶はありません。祖父母はもちろん、近所に住む親戚の叔父、叔母などにたいそう可愛がってもらったからです。

我が家の梨畑に連れていかれ、その畑で一番甘そうな実をもいでもらったり、三重の海や雲出川で泳ぎを教わったり、友達も多く、元気いっぱいで幸せな幼少年時代を過ごしていました。

その日、私はいつものように近所の友達と遊んでおりました。そこへ、津にある米屋に嫁いでいた母の姉にあたる伯母さんからの使いが息せき切って、田圃の畦道を小走りに私のもとへやって来ました。

「しげぼう、ちょっとおいで」

早速、走って伯母のところへ行きました。

「伯母さん、なんやの?」

「あんたに会わせたい人がおるから……さ、いらっしゃい」

当時、米穀商は羽振りが良かったので、伯母の家には美味しい物や珍しい物がいろいろとありました。まだ五歳の幼い私は、何か楽しいことを期待して喜んでついて行きました。

伯母の家は、津の入り口の藤枝にあり、賑やかな色町のそばにありました。羽振りの良さを偲ばせる立派な店構えです。いつにも増してわくわくして中に入って行きました。見知らぬ髭面の男がひとり奥の部屋から出てきて、私が入って行くと、

「おお、しげぼう!　大きくなったなぁ!」

男は、やおら近づいて来ると、無遠慮に私を軽々と抱き上げて、頬ずりをしてくるではあり

ませんか。突然のことに驚いて、しばらくされるがままになっていましたが、ごりごりとこすりつけられる男の髭が痛くて、宙ぶらりんになった足先が心許なくて、私は、顔をしかめて抵抗しました。

「何や、このおじさん？」

そばにいた伯父、伯母に助けを求めるように尋ねると、

「これがあんたのお父さんだよ」

笑いながら伯母が教えてくれました。

そう言われても愛情が湧くはずもありません。「へぇ」と、びっくり仰天するだけです。三歳の時に別れたきり、顔も姿も記憶にない父親。アメリカにいると聞いてはいても、写真すら見たことがない父は、その時の私には実感の伴わない遠い存在でした。いきなり目の前に現れて、これがお父さんだと言われても、ただただ、うろうろと驚くばかり。親子の涙の対面など期待するほうが無理というものです。

抱き上げられた腕の力強さと頬に残るこすりつけられた髭の痛み、それが、私に最初に植えつけられた父の記憶でした。

写真結婚だった両親

父七之烝は三重県一志郡矢野村（現在の香良洲《からす》町）の出身で、なかなか豪快な男でした。軍隊の現役の時代、その豪気さで鳴らし、酒を飲んで営倉に入れられるなどいくつかの武勇伝も聞いております。自分がこうと思ったら何があっても後に引かない、頼まれたらイヤとは言えない、若い頃から腹の据わった人間だったようです。

父の実家は大きくはないけれど自営農家でしたが、当時は何かの失敗のためか貧しく、学問を志したけれど、中学に進むことすらできませんでした。父はそのことを生涯、悔やんでおりました。しかし、尋常高等小学校卒ながら独学で勉強を続けて、多少の学はあったようです。そのため内地、また、現役服務中の戦地でも、他の兵隊達から故郷に送る手紙の代筆を頼まれたりもしていたようです。

父は日露戦争直後の一九〇六年（明治三九年）、家の再興のために、三重県の正式移民として米国にやって来ました。

シアトルで、鉄道の線路を引く人夫仕事からスタート。農家の息子ですから農業で身を立てようと、モンタナ州で甜菜《てんさい》請負耕作を始めます。その後、サクラメントの北部にあるホイーランドにおいて同志一五人と共同で土地開墾の事業を立ち上げたのですが、同志の一部が逃亡、折悪しく洪水などの被害にも遭い、すべてが水泡に帰したということです。

そのような幾多の辛酸をなめながらも、数年後にはトマトの耕作で利潤をあげるようになりました。父のような日本からの移民が当時置かれていた社会状況は厳しいものだったので、その中で成功するのは並大抵ではない努力と才覚が必要だったろうと想像がつきます。父は、また石油採掘の事業もやりました。当時の写真も残っています。

カリフォルニアでの石油採掘

当時は毎年一〇〇〇人、二〇〇〇人単位の日本人がアメリカに移住していた時代です。なかでもカリフォルニア州は、米国本土で最も多くの日本人が移り住んだ土地でした。

この年、サンフランシスコでは日本人児童隔離事件が起きています。黄禍論というのをご存じでしょうか。ドイツ皇帝・ウイルヘルム二世が唱えた「白色人種の優位性が黄色人種の台頭で脅かされる」とする人種主義的思潮です。

日露戦争で日本が勝利し、大国化していく過程で、欧米では黄禍論が現実味を持って受け取られてきていました。さらに急激なアジアからの移民増加がアメリカの労働市場を攪乱する。そんな理由で一足先に排斥を受けていた中国人に続いて、次第に数を増す日本人移民の立場も徐々に微妙なものになりつつありました。

しかも当時のサンフランシスコ市当局は、白人労働者の利害を代表する組合のような民主党の勢力下。そこで同年（一九〇六年）四月に起きた大地震で教室が足りなくなったという理由の下、アジア人の生徒だけを特定の学校に移送。カリフォルニア州もまた、その政策を支持したため、合衆国連邦政府が日本との関係悪化を恐れて介入してくる事態にまでなったのです。その介入は州と市の反発を招き、政府は地元の沈静化を図るため、日本に移民の制限を迫りました。

そこで一九〇七年（明治四〇年）から一九〇八年（明治四一年）にかけて成立したのが日米

紳士協約です。父が渡米した翌年のことです。日本は、すでにアメリカに在住している者の家族や再渡航者を除いて移民の旅券を発行しない。その代わりアメリカは日本人に差別的な法律を作らないという協定でした。

父と母とは「写真結婚」だったといいます。写真結婚というのは、先の日米紳士協約が産んだ結婚の形態といえるでしょう。

当時のアメリカには日本人女性などほとんどおりません。日米紳士協約のため新たな渡航も難しい。そこで、日本から花嫁候補の写真を送ってもらって、写真を相手のお見合いです。決まったら日本で入籍をすませ、そうすれば花嫁は「すでにアメリカに在住する者の家族」として大手を振って渡米できるというわけです。

結婚当初の父七之烝と母よね

母の写真を見た父が承諾し、母が花嫁としてやって来たのが一九一〇年（明治四三年）のことでした。実は母は、「看護婦になるために勉強に来なさい」と仲人さんから言われて父のもとに来たのだと後で知らされました。仲人口に騙されたことになります。

三歳、ひとり太平洋を渡る

その後、父が南カリフォルニアに開店したうどん屋が成功。ホテルやタバコ店も開業し、夫婦ともども仕事に精を出す日々。さらに私が一歳になった一九一七年（大正六年）には、一二〇エーカー（約四九町歩）の土地を借りて農業に乗り出しますが、これは失敗。

ならばと、父は店舗の営業を母に任せ運送業に従事。今度は成功を収めます。その後、金融業にも手を伸ばすなど、とにかくがむしゃらに働いて、子育てどころではなかっただろうと想像がつきます。

そこで私は三歳の時に船で太平洋を渡り、父の故郷、三重県は矢野村の祖父母のもとで養育されることになりました。

もちろん当時三歳の私には、この船旅の記憶はありません。なんでも港まで父が送って行き、船に預けておいて、日本に到着した時には、横浜のメリケン波止場まで叔父や叔母が迎えに来ていたといいます。

三歳の子どもがひとりで二〇日間の船旅、というと奇異に感じられるかもしれませんが、その当時はそれほど珍しいことでもなかったようです。

そうやって子どもを日本の親戚に預けて、夫婦ともども働かなくてはやっていけない時代でした。また、我が子は物心つく頃から日本で教育を受けさせたいという父の気持ちもあったようです。兄の正秀も姉のみゑ子も同じように三歳になるかならぬかのうちに、兄は父方の祖父母に、みゑ子は母方の祖父母に預けられておりました。

ところが、私が乗船するのと前後して父方の祖父母のもとに預けられていた兄が他界しました。まだ七歳の幼い命を奪ったのは、一種の風土病。それより先に、母方の実家に預けられていた姉のみゑ子も同じように幼くして亡くなっておりました。

祖父母たちは孫たちを失ったことを嘆き、また、一家の跡取り息子を亡くしてしまったことを私の両親に対してたいへん申し訳なく感じていました。次男の私までも同じようなことになってはたいへんと、再び幼子《おさなご》を預かることを躊躇するのは無理からぬことです。

祖父はすぐにアメリカに手紙を出して、私を送り出すのを見合わせるよう父に伝えたのですが、時すでに遅し。その手紙がカリフォルニアの両親のもとへ届いた時、私はすでに太平洋上、まだ見知らぬ祖国・日本へと向かう船の中で波に揺られておりました。

幼い兄が亡くなった後、入れ替わるようにやってきた私を、祖父母は、それはそれは可愛がって育ててくれました。健康への気遣いはもちろんのこと、一家の跡取り息子としても尊重して養育したのです。

一九二三年（大正一二年）、私は村にある矢野村尋常小学校へ入学しました。それから一年もたたない間に、祖母が亡くなりました。

当時は亡くなった人の遺体を一族郎党で行列を連ね、村はずれのお寺の裏の墓地まで運んで行く習慣がありました。叔父、叔母、従姉妹たち、近所の知り合いや見たこともない親類など、たくさんの人々が集まった祖母の葬式の時、私は親族代表として位牌を持ち、行列の先頭に立って田舎道を歩いた記憶があります。アメリカにいて不在の父の代理という形でした。

そのような儀式に参加することを通じて、跡継ぎとしての心構えを植えつけられていったような気がします。私は将来、父の跡を継いで一家を背負っていかなくてはならない。子ども心にも、どこかにそんな自負が芽生えていったのでしょう。

母方の里は川向こうの長常にあり、近隣に親戚も数多くいたため、私は叔父や叔母などにもたいそう可愛がってもらいました。あまりみんなに大事にされ過ぎたのかもしれません。何事にもマイペースのわがままな人間に育ってしまいました。


私が小学校に通っている時期に、アメリカにいた両親が訪ねてきてしばらく祖父の家に滞在していたこともあります。母は、もちろん私のことが可愛くてたまりません。可愛がられ過ぎて困ってしまうくらいでした。

母とのことでは、こんな思い出があります。

ある日、母がカツオ茶漬けを作りました。カツオの刺身を炊きたてのご飯の上にのせて熱いお茶をかける。カツオの身の表面が熱でうっすらと淡いピンクに染まり、魚の臭いがプンと漂ってきました。タンパク質豊富な滋養に富んだ献立ではありますが、私は大嫌い。まず、その生臭さが我慢できません。中途半端に熱の通ったカツオとその汁の染みたご飯も子どもの味覚には合いません。

「これ、いやや」

せっかく母がこしらえてくれた食事なのに、私はつっぱねました。

「栄養があるんだから食べなきゃダメですよ」

母も譲りません。

「いやだ！」

「食べなさい」

何度かの応酬の後、とうとう我慢できなくなった私は、「じゃあ、食べる」と言うや、やおら、茶碗をつかんで生臭いカツオを口の中にかき込みました。そのまま咀嚼せず、口いっぱいに頬張ったまま、一気に表に駆け出して、ブァーッ！と口の中のものを思いっきり吐き出したのです。

その時の母の反応は覚えていません。ただ、あの魚臭いイヤな味覚は心のしこりとともに蘇ってきます。

母に対して、そんなことはするべきではなかったのに……。今、思い出しても胸が痛みますが、親に反抗したい年頃だったのでしょう。それでも、両親とは離れて暮らしていただけに、親に対する反抗はそんなに強く出なかったような気がします。

担任の太鼓判

小学校も高学年になると、進学のことを考えなくてはなりません。

私の中学進学にあたってはひと騒動ありました。忘れもしません。小学五年生になったある日の午後、祖父の家に親類が集まってきました。私の進路についての話し合いがもたれるというのです。

たかが子どもの進学に関して、親族会議というのは大げさに感じられるかもしれませんが、祖父も叔父たちも、それだけ熱心に私の養育にあたってくれていたのでしょう。

私は旧制津中学校（元・三重県立第一中学校、現・三重県立津高等学校）への進学を希望していましたが、当時、矢野村の小学校からストレートに津中学に入れる者は少人数でした。小学校から、ひとまず津の町にある師範学校の附属小学校に転学し、そこで今の予備校のように受験のための勉強を積む。これが一中に入ろうとする、一応余裕のある子どもたちがたどる一般的なコースでした。

「成雄《しげお》も師範学校へ入れるべきだ」

「いや、この子はもしかしたら小学校からそのまま一中へ行けるかもしれない」

侃々諤々《かんかんがくがく》、議論は尽きません。

小学校を卒業してからそのまま一中を受験するなら、まだしばらくは今まで通り祖父の家から村の小学校へ通えばいい。しかし、津の師範学校の附属小学校へ転校するとなると、私の生活は大きく変わってしまいます。まだ小学五年生、一〇歳そこそこの私は、遠くの師範学校に行くのが何だか不安で、ドキドキして事の成り行きを見守っていました。

「どうしても一中に入学させなくては、七之烝に申し訳が立たない」

祖父は言い張り、叔父たちも顔を付き合わせて意見を出し合っておりましたが、どうにも埒《らち》があきません。とうとう担任の先生に来ていただいて諮問するしかなかろう、ということになりました。

当時の私のクラスの担任は北浜先生といって、後に校長先生にもなられた立派な方でしたが、いきなり呼び出され、真剣な顔の親族に取り囲まれては、さぞや先生も驚かれたことでしょう。

「先生、成雄はどうしても一中に入れにゃなりません。それには、やはり師範学校の附属小学校へやるべきでしょうか？　先生は、どうお考えになりますか？」

真顔で迫る祖父や叔父に対して、先生は破顔一笑、こうおっしゃいました。

「いやいや、師範学校の附属に入れる必要など全くありません。成雄君の成績なら矢野村小学校からそのまま一中に入れます。彼なら大丈夫。やれますよ」

それを聞いて、一同、どんなに安堵したことか。先生のツルの一声で、議論はあっさり決着です。

「やれやれ、これで遠くの師範学校へ行かなくてもすむ。今まで通りこの村にいられる。良かったなぁ」

私は子ども心にも、ほっと胸をなでおろしました。

北浜先生は村でも有名な先生でした。怒ると怖い方で、言うことを聞かない子には拳骨の中に石を入れてゴツンとやるような厳しい方でしたが、心底、教育熱心でした。その先生のお言葉でしたから、なおさら説得力があったのでしょう。

もっとも、小学校時代の私は割合に大人しい子どもで、先生に叱られるようなことはしていなかったと思います。上席で卒業しましたので、成績からいっても優等生の部類でした。

ただし、小学生の時に家であまり勉強をした記憶はありません。後藤多平君という一年上級の友人と、六年生になって初めて私の家で机を並べて一緒に入学試験勉強らしきものをしたのを覚えています。いつも遊びが大好きで、故郷の野原や畦道を真っ黒になって夢中で駆け回っておりました。

当時の私は身体の大きい子どもではありませんでした。クラスでもどちらかというと小柄なほうで、朝礼で並ぶ時も、前から数えたほうが早い。そのせいか、大きくなりたい、強くなりたいという気持ちが人一倍強く、勉強よりももっぱら運動や身体を動かすことを好んでいたのです。

ところが、数年後アメリカに渡った後に、突然、ずんずんと背が伸びてきました。そのことは、私自身はもちろん、父親をもたいそう喜ばせたものです。

さて、先生の予想通り、私は津中学にストレートで合格。晴れて県下ナンバーワンの中学に通う資格を得たのです。その時の嬉しさをどう表現したらいいのでしょう。そう、これまでの人生を振り返っても、一番に嬉しかったといえるような純粋な歓喜が湧いてきました。おそらく、自分の力で何かをつかみ取った最初の体験だったからでしょう。

何しろ田舎の小学校から、都会の学校へ、それも県内でも最も優秀な生徒たちばかりが集まる中学に進むことができたのです。入学試験に合格して、やっとこれで一人前になれたような、「これから、俺の人生は始まるんだ……」、そんな高揚した心持ちでした。

その時、わざわざアメリカから帰って来た父もたいへん喜んでくれました。合格発表の光景を見て感無量だったと思います。

津中までは矢野村から距離にしておよそ七キロ。当時はまだ鉄道がなく、自分の家から一時間かけての自転車通学です。それでも希望に満ちた中学生にとっては苦になる距離ではありません。春はレンゲ、秋は実りの稲穂を眺めながら、野原や小川の田園地帯を通って毎日、楽しく通っておりました。

その頃の私は、まだ小柄で身体もあまり頑健ではなかったため、部活動に柔道部、弓道部を選び、それに精魂を打ち込んで身体を鍛えていきました。

また、中学一年の夏には津海岸から出発して伊勢湾を泳ぐ遠泳競技会にも参加。その頃の遠泳とは磯から一度沖に出て沖と海岸を平行して二五町（一町＝約一〇九メ

1929年、津中学入学時。左より筆者、妹京子、妹米利子、後ろは祖父寅吉

ートル）泳ぐという遠泳です。もちろん、学校から念のため大人が舟を出して見守っているのです。水泳は幼少の頃から大好きで得意でしたが、沖まで二五町、約三キロに相当する距離を完泳した時には大きな満足感がありました。「二五町完泳」と書かれた免状をもらって誇らしかった記憶があります。

そのように運動に励んで身体を鍛え、往復二時間の自転車通学をしながらも、小学校の時とは違って、多少は、勉強にも精を出すようになりました。

入学した時の成績は、約二〇〇人のうち六一番。それが一年後には三三番に上がっていきました。

「よし、俺は馬鹿ではないぞ。都会の優等生どもと競っても負けないぞ」

この時、私は自分で自分の能力に自信を持ち、人生への展望が開けたような気がいたしました。

スクールボーイ一カ月

一九三〇年（昭和五年）、中学二年に進級して間もない春のことです。私はカリフォルニアに住む両親に連れられて、再び太平洋を渡ることになりました。

アメリカで生まれたとはいっても、その頃の記憶はないのですから初めて渡米するようなものです。しかし、子どもの心は柔軟。「成雄はアメリカで生まれ、アメリカ国籍を持っているんだぞ」と聞かされていたこともあって、この国で生きていくことにとくに疑問を持ちませんでした。

再渡米してカリフォルニアへ到着したのはその年の六月のことです。

その時、アメリカの家には両親と姉、妹二人、それに叔父、叔母やいとこたちも住んでおり、大所帯でした。確か私の好きな犬も飼っていました。家族や親類に囲まれた賑やかな家庭環境は日本と同じですが、物心ついてから初めてのアメリカ生活ですから、言葉にしろ生活習慣にしろ、何もかもとまどうことばかりです。

「成雄はこのまま自宅で家族と過ごしていたのでは、いつまでたっても英語がうまくならない。

アメリカ社会にとけ込むのも難しい」

そう考えた両親は、私が早くこちらの生活に慣れるようにと、翌月からアメリカ人の家庭へ住み込みで働きに出すことにしました。働くといっても、給料などはもらえません。スクールボーイといって、家の中の下働きをしながら英語を教えてもらう形です。日本でいったら書生のようなものでしょうか。今思えば、両親の考えた通り、それは生きたアメリカを知るのに非常に有効な手段だったと思います。

朝の皿洗いから始まって、昼間はガーデンの芝刈り、絨毯の掃除、その他、家事・雑用を何でも手伝いました。日本では総領息子として祖父母や親戚に大事にされ、家の手伝いなどほとんどしたことのない私でしたが、スクールボーイとしての仕事はアメリカを知るためのひとつの勉強だと考えて、小さなことでも熱心に取り組みました。皿の洗い方を教わり、ローンつまり芝を刈る機械の運転を習い、モップの使い方を覚える。日本の田舎村で育った少年には、どれも新鮮な作業でした。おかげで、一般のアメリカ人とはどういう生活をしているのか、ひとつひとつ実地で見聞し、身をもって知ることができました。

さらに仕事の合間をぬって、その家のおばあさんからアメリカ人の英語を習いました。最初はさっぱり分からなくても、アルファベットのＡの発音からゆっくり教えてもらううちに、徐々に耳が慣れてきます。ゆっくり、くどいくらいに繰り返して話してくれるおばあさんの英語は、子どもに初歩の英会話を教えるには、効果的だったのかもしれません。

しかし、スクールボーイとしての生活は長くは続きませんでした。どんな雑用も社会勉強、と進んで働いていた私ですが、ひとつだけ耐えられない仕事を言いつけられたのです。

それは、その英語を教えてくれているおばあさんの下《しも》の始末でした。かなりのお年になっていたそのおばあさんは、時々、失敗して部屋の中でお漏らしをしてしまいます。ある時、その汚れた絨毯やソファーなどをきれいに掃除することを命じられました。さすがに、私にはできません。

「勘弁してください！」

思わず日本語が出てきました。

「ボクは女性のはばかりの始末はできません！」

私は、怒って声をあげました。そして、その家から飛び出して両親のもとへ逃げ帰りました。理由を聞くと父も納得せざるを得なかったようです。姉のちゑ子が私の代わりに手伝いに行きました。

結局、私のスクールボーイとしての生活は約一カ月で終わり。ひと夏の短い、しかし貴重な体験でした。

ミス・ニコルソン

アメリカの学校の新学期は九月から始まります。私は、ロスアンゼルスにあるハレンベック・ジュニアハイスクールという公立中学校の二年クラスに転入しました。アメリカでの学校生活のスタートです。

しかし、英語はまだほとんどできません。その学校には、私のような外国人移民の子弟が数十人通っていました。ヨーロッパやアジアから来たアメリカ人、と呼ばれる二世たちが主です。英語が堪能ではない子どもたちのために、正規の授業の後、特別の英語補習クラス「アメリカナイゼイション・クラス」が設けられていました。私はもちろんそのクラスで勉強しました。担任は、ミス・ニコルソン。まだ三〇歳くらいの美貌の先生でした。

ニコルソン先生はたいへん教育熱心な方でした。アジアや欧州からやって来た異国の少年少女たちが、どうすればスムーズに英語を覚えることができるのか、ご自分でいろいろと考え、教え方に工夫をなさっていました。

英語を発音するための唇や舌の動かし方、ＡＢＣからカンバセーションまで、懇切丁寧に指導してもらいました。今でも当時を思い出すと、ニコルソン先生のご指導の光景が目に浮かびます。

私の英語の基礎は、スクールボーイをしていた家のおばあさんと、このミス・ニコルソンによる一年間の補習授業で培われたのです。

私は猛烈な集中力を発揮して授業を受けました。ニコルソン先生の言葉をひと言も聞き漏らすまいと、必死で耳をそばだたせます。しかし、聞き間違いもしばしば。

自分のことを呼ばれたと思って「はい！　何ですか？　先生」と飛んで行くと、

「なあに、シゲオ、どうしたの？　呼んでいないわよ」と笑われます。

「え？　ボクのことを呼ばれたと思って来たのですが……」

そんな間違いはしょっちゅうでしたが、恥をかいても、それが経験になります。

間違っても臆さず、人一倍熱心に勉強する少年に、先生は目をかけてくださったのでしょう。

十四歳の私が補習クラスで一番年下ということもあって、ミス・ニコルソンにはずいぶんと可愛がっていただきました。ご自宅に呼んでいただいて、紅茶とお菓子をご馳走になった思い出もあります。

「シゲオ、この問題をやってごらんなさい」「シゲオ、次はこれを勉強なさい」と、私の進み具合に合わせた課題を次から次へと、絶妙のタイミングで与えてくれるのです。おかげで私の英語力はぐんぐんと伸びていきました。もちろんミス・ニコルソンは、どの生徒もちゃんと見ていて、その生徒に合った指導をする。決して差別もえこひいきもしない。「素晴らしい先生だなぁ」と子ども心にも心酔していました。

ミス・ニコルソンの授業とは別に、正規の中学の授業もアメリカ人の少年少女たちに混じって受けていました。

しかし、三重県の片田舎で育った中学二年生が、いきなりアメリカの中学二年生の授業に放り込まれても分かるはずがありません。数学、物理、歴史、地理……と、およそ日本と同じような科目を習うし、内容自体は別に難しいことではないのでしょう。しかし、英語が分からなくては五里霧中。あらかじめ予習をして英語で書いてある教科書の内容を理解しておかなくては、先生の説明もちんぷんかんぷんで、授業中、ぼーっと無為に時間を過ごす羽目になります。予習をさぼると次の日にはさらに困ることになるのです。

生まれて初めて、私は猛勉強をしました。全て英語で行なわれる授業についていくのが、並大抵の苦労ではないのは想像に難くないでしょう。

正規の授業の後、ミス・ニコルソンの補習授業を受けてから家路につきます。帰ると、母が作ってくれた夕飯を食べて、すぐに机に向かいます。宿題と予習。ちょっと教科書を読むのにも辞書と首っ引き。いちいち英語の辞書で単語の意味を調べながら物理や歴史などの教科書を読むのですから、予習だけでもたいへんな時間がかかります。毎晩、深夜に及ぶまで勉強して、就寝時間は一時か二時。ふとんに入って、ばたんキュー。

目覚めたと思うと教科書を抱えて学校へ。アメリカにいた間の五年間は、そのような毎日の繰り返しでした。我ながらよくやったと思います。

しかし、勉強できる環境にあった私は、たいへんラッキーだったと思います。同じように勉強したいと思っていても親がいなかったり、いても貧しかったりして勉強する余裕がなく、挫折していった日本人や、その他の国の移民の子が、当時はたくさんおりました。私が知るだけでも、本当に大勢の子どもたちが貧しさゆえに勉強もできず、落ちこぼれていったのです。その点、私の家は父親がきちんと経済的に不自由しないように支えていてくれた。そのことは本当に感謝すべきことでした。

父は、自分がさまざまな苦労をしただけに、私たち子どもに対しても、貧しい人を蔑んだりすることを非常に戒めておりました。学ばなかったかもしれませんが思想的にはまっすぐで、家に施しを乞うてやって来た乞食を笑ったら、ひどく叱られた記憶があります。

「人間、いつどうなるか分からん。明日は我が身だ。今貧しいからといって、その人を蔑むようなことは絶対に許されないぞ」

というのが父の考えだったのです。

親族でも学費に困っていると聞けば、放ってはおけない人でした。例えば、母の妹の小舅にあたる優秀な青年の川口光男君が学費に困窮していると聞き、父の口入れで、私がサンノゼのセロリ畑で働いて、その賃金を送金して援助したこともあります。その親類の子は東京の物理学校に通い、柔道にも秀でた前途有望な青年だったのですが、戦争中に特攻隊の一員となって沖縄の空に散ったのが惜しまれます。今でも故郷にある彼の墓に時折参りご冥福を祈っています。

ところで、セロリの苗をまっすぐに植えていく作業は、慣れない私にとって、なかなか骨の折れる仕事でした。前屈みになって働いていると、すぐに腰が痛くなります。しかし、私は思う存分勉強ができる環境にある。日本で学費にも不自由している光男君の助けになると思うと、腰が痛いなどと贅沢は言っていられません。父の考えを反映して、困っている人には自然と援助をする伝統が我が家にはできていたのです。

「貧しい人に恵み深くあれ」というのが家訓のようなものでした。それは、私の代から息子たちはもちろん孫たちにいたるまで、この先もずっと受け継がれていくことと思います。

拳銃に負けないヤマトダマシイ

一九三二年（昭和七年）、猛勉強の甲斐あって、私はハレンベック中学を優秀な成績で卒業。その年の九月にローズベルト・ハイスクールへと進学します。

私はアメリカに来てからも、中学、高校を通して柔道だけはずっと続けていました。勉強の合間に週二回、主に夜七時頃から九時頃まで、ロスアンゼルス市内の柔道場に通って稽古に励みました。教えてくれたのは早稲田大学を出た柔道五段の先生。どんどん鍛えられて、二時間の稽古が物足りないくらいだったのを覚えています。

さらに楽しみだったのが、近隣の道場での他流試合。ロス近郊には二五くらいの町や村があり、そこの柔道場へ七、八人の茶色帯の連中が代表として出かけて試合をしていました。

当時は私も一級。茶色帯で代表の一員でした。それほど力の差はありませんから試合には勝ったり負けたりでしたが、勝てば良し、負けることもまた勉強。何より柔道を通じてたくさんの友人を作り、交友関係を広めていくのが楽しかったのです。

ハイスクールに入って間もない頃のことです。何かの拍子に、学校でも札付きの暴れん坊に「ジャップ」呼ばわりされて、ケンカをふっかけられました。大柄な彼は、小さな私を小馬鹿にしたような態度です。横柄でけしからんヤツだ。私は売られたケンカを買いました。

日頃鍛えた柔道の技、背負い投げで大きな身体を投げ飛ばし、もんどりうって倒れたところで右腕の逆をとりました。柔道で逆をとられると、それは痛いものです。大きな図体をした相手の少年は、泣きべそをかきました。

まわりで見物していた生徒たちはびっくり仰天。

「あんな大きなヤツを投げ飛ばすなんて、タカヤマはすごいんだな」

そんな感嘆の声が聞こえてきます。

「痛い、痛い！　頼む、許してくれ」

普段の勢いはどこへやら。逆をとられて、暴れん坊は泣きながら謝りました。

「もう、ジャップ呼ばわりはしないな。悪いことはしないか？」

「しない、しない。だからもう、勘弁してくれ」

手を離してやったのですが、事はそれだけでは終わりませんでした。

数日後、彼は卑怯なことに下校途中で私を待ち伏せして、

「おい、この間はよくもやってくれたな」
二、三人の仲間を頼むだけでは足りずに、拳銃まで用意して、それをつきつけてきたのです。
拳銃が本物だとはすぐ分かりましたが、恐怖は感じませんでした。ふつふつと怒りが湧き上がってきて、かえって肝が据わりました。

私は、やられたら絶対に後へは引かない主義でした。どんな時にも、敵前逃亡だけはすまいと思っていました。外国人には負けまいというヤマトダマシイだったのかもしれません。その時も、

「やれるならやってみな。ほら、撃ってみろよ」

ぐっとにらみ返して、彼らのほうへ自分から近づいて行きました。

すると、彼らはじりじりと後ずさりして、そのまま駆け出し、逃げて行ってしまったのです。

おそらく、拳銃は、ただの脅しに使うつもりだったのでしょう。弾丸が入っていたのかどうかは分かりません。人間、撃てといわれても、そうそう撃てるわけはないのです。

さて、その事件のおかげで私は学校中で一躍、有名人。生徒自治会の選挙の時には、生徒会長に立候補しないかと持ちかけられました。さすがに生徒会長は辞退して、結局、男性の風紀委員長に選出されました。

生徒たちにも一目置かれて、私の学園生活は順調に進みました。

また、三年の時には学内のジャパニーズ・クラブの会長にも選ばれ、母校に日本のものを残そうと思い立ちました。私より一年上級のマスミ・トヨトミという同じ日本人クラブの会長と二人で共同して、学校の許可を得て、在留日本人の父兄から寄付を募り、学校の敷地内に、築山や太鼓橋を備えた日本庭園を造りあげました。当時としては、なかなか立派なものができたと思います。

マスミ・トヨトミは後にメソヂスト教会の牧師となり、来日して国際基督教大学の牧師を務められた折、私は久し振りに旧交を温めました。友人に聞きますと、数年前に残念ながら彼はすでに天国に召されたとのことでした。

平等主義に貫かれたアメリカの教育

ジュニア・ハイからハイスクールを通じて、私は教師に恵まれました。英語のローズベルト・ハイスクールのサミュエルソン先生、ラテン語のイービー先生、物理学や化学の先生……。どの先生も授業の中身が濃く、生徒に対して非常に公平な態度で接してくれました。向上心のある生徒は引き上げて、さらに上の学校に進めて成功させてやりたいという意欲に溢れていました。

アメリカの教育の原点は平等主義です。公平に勉強の機会を与え、努力して進歩する子には、さらにどんどん勉強させます。生徒の努力が確実に実を結ぶための手助けを惜しまないのです。

中学・高校という多感な時期に、アメリカの理想溢れる教育制度と素晴らしい先生たちの恩恵にあずかったことを私は本当に感謝しています。

ラテン語のイービー先生については、面白いエピソードがあります。ミス・イービーは、眼鏡をかけたいかにも才媛らしい美貌の、素晴らしく聡明な先生でした。私は、英語以外はどの教科も上位の成績で、ラテン語もクラスで上位だったのでミス・イービーも、私には一目置いてくださいました。

ある日、ミス・イービーが私を呼び止めました。

「シゲオ、聞きたいことがあるの。実は、夏の休暇に日本へ観光旅行に行こうと思うのだけど……」

尊敬するイービー先生に日本を見てもらうのは私としても嬉しいことです。

「それは、けっこうですね！」

「それで、日本で何か気をつけるべきことはないかしら？」

「日本で気をつけること？　うーん、とくに思い当たらないなぁ。日本は治安もいいし、安全な美しい国ですよ。どうぞ楽しんでいらしてください」

ところが、日本旅行から戻って来たミス・イービーは、私をにらんで言いました。

「シゲオ！　どうして教えてくれなかったの！」

何のことか分からず、話を聞いてみると……田舎の温泉に行ったイービー先生。旅館のお風呂に入ろうと、脱衣所で衣服を脱いだ。大きな湯船につかり手足を伸ばしてご満悦。ところが、そこに男性が入って来た。次から次へと、男性が入って来る。女性も入って来る。何なの？　これは！　ミス・イービーは卒倒しそうに驚いた。つまり、知らずに混浴に入ってしまったというわけです。

私は、先生に日本の混浴の習慣のことを説明しました。

「どうして行く前に教えてくれなかったの？　ひどいわ」

「先生、それも日本の習慣のひとつなんですよ。混浴に入ったからって危険はない。何も悪いことをされるわけではないし……。大らかないい習慣だとボクは思いますよ」

そう話すと、ミス・イービーは「ほっほっほ」と軽やかな声で笑って「そうね、いい経験をしたと思うわ」とおっしゃったのでこちらもほっとして、ふたりで一緒に大笑いをしました。

ミス・イービーをはじめ、どの先生も気さくで、しかも高潔な人格を持っておられました。

生徒たちの雰囲気も非常に良かったと思います。成績のいい子をやっかんだり、できる子の足を引っぱったりするようなことはありませんでした。

成績だけが全てではない。それぞれの生徒の個性が生かされる校風だったせいもあるのでしょうか。あいつは成績がいいから大学へ行く、俺は良くないから高校を卒業したら進学せずに働く。ガーデナーでもカーペンターでも、きちんと働いて食べていければいいのだから、という考えです。

ちゃんと自分の特性をわきまえて、猫も杓子も大学を目指したりはしない。画一的な価値観はなく、良い意味の個人主義が徹底している。ローズベルト・ハイスクールは、あの時代にあってもリベラルで、非常に感じの良い雰囲気の校風を保っていました。

三年間を通じて、人種に隔てなく、仲の良い友人がたくさんできたことはいうまでもありません。

第一志望は細菌学者

この時、私がアメリカで暮らしたのは一九三〇年（昭和五年）から三五年（昭和一〇年）までの五年間。まだ日米間に戦争の兆候は見られない時期だったためか、ローズベルト・ハイスクールの中では日本人だからといってとくに辛い思いをしたことはありません。しかし、校門を出ると、やはりさまざまな偏見があったことは記憶しています。

例えば、ある夏の日、白人の友人たちと一緒にプライベートプールに遊びに行った時のこと。泳ぎが大好きな私が一刻も早く水に入ろうと先頭切って歩いて行くと、プールの入り口に看板が立っています。

見ると、

「No Orientals allowed（東洋人立入禁止）。No Japanese allowed（日本人立入禁止）」

と書いてあるではありませんか。

「なんだよ、これ。オリエンタル禁止だの日本人禁止だの、どういうことだよ！」

友人に八つ当たりすると、彼らはモゴモゴと、

「いや、その……人種が違うから、お前は入っちゃダメなんだってさ」

などと訳の分からないことを言うのです。

「冗談じゃない。そんな馬鹿なことがあるもんか！」とは思ったものの、「ここはアメリカだ。人種差別があっても止むを得ん」と思い直しました。口惜しい思いをしながらも、白人の友人たちが水泳を楽しんでいるのを羨ましく見ていました。しかし、このようなことが私にアメリカ人に対するある種の反感を抱かしめることになるのです。

くそ真面目な高校生活を送った甲斐あって、ローズベルト・ハイスクールを卒業する時、私は卒業生中の三番という成績で、学術優秀生の称号ＣＳＦ（California Scholarship Federation）を受賞することができました。また、社会や学校に貢献した学生を表彰するエフエービアン賞も授与されました。これには、両親もことのほか満足してくれたようです。

この成績なら、どこの大学にも入れます。アメリカでは、高校の成績が優秀で真面目な学校生活を送ったような学生なら、大学進学はほぼ無試験。面接だけで入学が許されます。その点は現在でも変わっていないようです（実は私の長男もハイスクールを卒業する時に一一の大学から勧誘が来て、結局エール大学に進んだのですが、その時もペーパーテストなどはなかったと記憶しています）。

卒業後の進路として、私はジョン・ホプキンズ大学の医学部か、カルテック（カリフォルニア工科大学）を希望していました。医学博士、または物理学者か天文学者を夢見ていたのです。

高校時代の私の学問的興味は、物理、化学、天文学にありました。

実は、私が中学時代に英語の補習授業を受けたミス・ニコルソンのお兄さんが天文学博士で、先生が私に博士を紹介してくださったのです。

ドクター・ニコルソンはロスアンゼルス郊外にあるマウント・ウィルソン天文台の研究員でした。彼にその世界一大きな天文台の中を案内していただき、後には文通する機会も得ました。私はすっかり天文学に魅せられ、その興味は宇宙線の研究にまで発展。土曜日には必ずロスアンゼルス・セントラル・ライブラリーに出かけて、一日中専門書を読みあさる熱中ぶりでした。

また、高校の物理学の先生を通じてカリフォルニア工科大のミリカン教授に知己を得、カルテックに進む道も考えました。プロフェッサー・ミリカンの著書も土曜日の図書館でむさぼり読んだ思い出があります。

しかし、第一志望は医学部。それも細菌学。ひとりひとりの患者を治療していくよりも、伝染病を一気に撲滅させることができる細菌学者に憧れました。野口英世の影響でした。

当時、野口英世はアメリカでも名を馳せ、偉人として讃えられていました。高校のサイエンスの時間に先生が、野口英世の黄熱病の病原体発見と梅毒スピロヘータの純粋培養成功の偉業を丁寧に説明された時のことは忘れられません。

「こんなすごい日本人がいるんだ。君たちもしっかりやりなさい」と激励され、自分だってできないことはないだろう、というおこがましい考えを持つに至ったのです。

野口英世は一九〇〇年（明治三三年）、二四歳の時に渡米。フィラデルフィアのペンシルバニア大学医学部でフレキスナー博士に師事し、ガラガラヘビの毒の研究に従事します。その後、フレキスナー博士がニューヨークのロックフェラー財団研究所の所長に就任すると、英世も研究所の一等助手として迎えられ、「日本人は、いったいいつ寝るのだろう?」といぶかしがられるほどの熱心な研究ぶりで、黄熱病の病原体の発見など、数々の成果を挙げていきました。

残念ながら、一九二八年（昭和三年）にアフリカ・ガーナのアクラでその黄熱病にかかり、五一歳の生涯を閉じるのですが、自らが研究していた黄熱病の犠牲になったことで、彼の名声はいっそう広く知れ渡ったといえるでしょう。その功績はアメリカに、いや、世界に誇る偉業として讃えられました。

野口英世の話は、日本人でも世界的な仕事をすることが可能だという強いインパクトを私に与えてくれました。ニューヨークのウッドローン墓地にある野口英世の墓に残された墓碑銘には、ことさら強い感銘を受けたものです。

「Through devotion to science, He lived and died for humanity.（彼は科学への献身により、人類のために生き人類のために死せり）」

私も人のために役立ち、ヒューマニティーのために尽くす生き方がしたい！　そんな思いが、ティーンエイジャーの私の心の底に強く深く刻み込まれたのです。

しかし、第二の野口英世を目指して医学部へ進むという私の夢は、あっさりと砕かれました。私が高校を卒業した年、父が一家揃っての日本への帰国を決心したのです。

父の決意

「成雄には日本の教育を受けさせるべきだ」という親類のひとりの強い勧めもあり、父は最終的には私が日本で高等教育を受けることが望ましいと結論づけました。

この親類は小笹徳蔵といって後に清水建設の副社長をした人です。氏には私が社会に出た後もさまざまなアドバイスを求めたりして、私の人生に大きな影響を与えた人物のひとりでした。

その時、父は五五歳。すでに仕事からは引退して店の経営などは母に任せっきりにしていました。

アメリカである程度の経済的成功を収めた安堵感があったのか、迫り来る老いを感じ取ったのか。何より、年を追うごとに望郷の念を押さえ切れなくなっていたことも帰国を決意させた一因だったようです。

父にとって、あくまで故郷は三重。その点、私はすでにすっかりアメリカ社会にとけ込み、ここが自分の故郷だという気持ちになっていました。そこに、日本で生まれ育ちアメリカに渡って来た一世といわれる父の世代と、アメリカで生まれた私たち二世と呼ばれる世代とのギャップがありました。

ふたつの世代の考え方の差異は、単なるジェネレーションギャップ、育った環境の違いに止まらず、法的立場の差異、つまりアメリカの市民権を持っているか否かという問題も無関係ではなかったようです。当時、父のような移民はアメリカで不動産を買うことが許されていませんでした。

先にもお話ししたように、日本人に差別的な立法は行なわないという日米紳士協約が一九〇八年（明治四一年）に結ばれたにもかかわらず、依然として差別的な法の制定は続いていました。むしろ、生活の基盤を脅かすような法規制が強まってきたのが実情だったようです。

一九一三年（大正二年）。私が生まれる三年前に、カリフォルニア州では外国人土地法という法律が成立していました。これは、市民権がない者の土地、建物などの所有を禁ずる規定で、日本人の農地所有を阻止する意図を持って制定されたものです。

さらに一九二〇年（大正九年）には法改正で、借地することさえも禁止されました。また、一九二二年（大正一一年）には最高裁判所で日本人にはアメリカへの帰化権がないことが確定していました。この法律のために父たち移住者は、自分の住む家はもちろん、事業を起こすための建物や農地の所有・貸借さえ不可能。経済活動に、厳しい手枷足枷をかけられた状態だったといえます。

そこで、父は土地や建物を私の名義にして購入しました。合衆国の連邦憲法修正一四条の規定において、アメリカは国籍につき「属地主義」をとっています。たとえ両親が帰化できない外国人だとしても、アメリカの土地に生まれたその子どもは、自動的にアメリカ市民権を有するのです。このことは、先に排斥を受けた中国人移民たちに関連する訴訟で最高裁判所において確認されていました。市民権さえあれば、年齢には関係なく不動産の所有は許されます。名目上とはいえ、家族を支える不動産が一家の主の父名義ではなく、アメリカ国籍を持った生まれたばかりの私の名義となる。そういう現実を、父はどう受け止めていたのか……今となっては知るよしもありません。

ただ、リベラルな校風に守られ、努力すればきちんと成果を認めてもらえる学園生活を過ごした私と、アメリカの熾烈な競争社会の中、理不尽な排日の風にさらされながら必死で働いてきた父とでは、アメリカ社会に対する印象も異なっていたであろうことは想像に難くありません。

何にしろ父の帰国の決意は固く、意を翻させることはできませんでした。

しかし、今、考えてみれば、私たち一家はいい時期に帰国を決めたのかもしれません。これ

日本人の仲間たちとともに、日本へ向かう秩父丸の船上にて（1935年）。
前列左より４人目が筆者、その隣に父、母、姉、姉の夫。

より二年前の一九三三年（昭和八年）、アメリカでは民主党のフランクリン・ルーズベルトがニューディール政策を掲げて登場。国民の圧倒的支持を得て大統領選に勝利。翌年以降、疲弊したアメリカ経済体制の大幅な修正のためにTVA（Tennessee Valley Authorityテネシー川流域開発公社。ニューディール政策の一環として設立され、今日なお存続している。多目的ダムを建設するとともに植林、土壌保全、河川整備、肥料などの生産を進め、漁業・鉱業・観光資源開発を行なった）発足など大胆な景気回復対策を実行に移していきます。ルーズベルトのこの新政策は、アメリカの伝統的な自由主義経済体制の大幅な修正を試みたものであり、このような潮流の変化をも、父はひしひしと感じ取っていたのでしょう。

その少し前に結婚していた姉夫婦を残し、また妹二人は前の年に日本の小学校へ入学のため帰国していたので私はローズベルト高校卒業直後、両親とともに、再び太平洋を西へ。刺すように陽光の鋭い夏のカリフォルニアを後にして、日本へ戻る船上の人となったのです。

デッキの上から見えるアメリカ大陸がだんだんと小さくなり、やがて薄く霞んで水平線上に消えていきます。友人や恩師の顔が脳裏に浮かび、胸の奥に込み上げてくるものがありました。

しかし、いつかまた必ずアメリカに戻って来るだろう。将来、再びあの大地が自分の活躍の場となるのだ。私は、そう考えて疑いませんでした。

一九三五年（昭和一〇年）、一九歳の初夏のことでした。

校長に直談判

三重県の香良洲町に戻った私は、再び津中学校（当時の中学は五年制）へ通うつもりでした。

しかし、私のもとには早稲田大学から入学の勧誘が来ていました。父は早稲田の国際部へ行かせたがったのですが、私は「イヤだ！」と、断固、受け付けませんでした。

私たちが育った時代の東海地方では、八高（現・名古屋大学）から東京帝大か京都帝大というのが優秀な学生がたどるルートでした。渡米前までは、自分もそのルートを進もうと思っていたのです。それが頭に染みついていますから、いくら私立の雄といえども、私立大学には魅力を感じません。

もう一度中学からやり直して当初考えていたルートに再挑戦だ！　日本人という大きなハンディを背負いながらもアメリカのクラスメートにも負けなかったんだ……その自負を持って、私はやる気満々でした。

ところが、私は津中学への復学を許してもらえなかったのです。

当時の公立中学には編入制度がなく、あっさりと門前払いをくらってしまったのです。私は、校長に直談判に行きました。

「何と言われても、一遍、学校を辞めてアメリカに行ったような生徒は復学できんのや」

校長先生は聞き入れてくれません。

「そんなの、おかしいじゃないですか。勉強したい学生にチャンスを与えないなんて……」

アメリカの自由で公平な学校教育に慣れ親しんだ私にとって、どうにも理不尽なことに思えたので、とことん食い下がりました。

「一遍、試験してみたらどうですか？　試験に落ちたら諦めますから」

「それはできん」

「なぜでしょうか？」

「できんと言ったらできん！」

結局、公立中学はどこも私を入れてくれません。

そんな時、手を差しのべてくれたのが、私立名古屋中学（現・名古屋高校）でした。素晴らしい校長のいるミッションスクールで、ここなら柔軟に編入を認めてくれるのではないかと人から聞いたのです。

私は、すぐに校長のもとへ会いに行きました。

「間に立った人物と交渉しても話は遅い。直接トップに会いに行け」というのが、アメリカで身に付けた私の行動学です。

「僕のような者でも転入できますか？」

やや疑心暗鬼になっていた私は、謙虚に切り出しました。

「他の学校ではダメだったんです。そんな馬鹿なことはない、と言ったんですが聞き入れてもらえませんでした。この学校もそうなのでしょうか？」

「ハハハ、うちはそんなことはないよ。うちの学校にいらっしゃい」

校長の木村克巳先生は、優しく答えてくださいました。

「本当ですか!? そんなら、試験してください！」

「試験？ そんな必要はないよ。君のアメリカでの成績を見れば分かる。うちの四年生の学級に入りなさい」

先生のツルの一声で、あっさりと編入が決まりました。

木村先生は敬虔なクリスチャンです。素晴らしい教師でもあり、その後もよく私を指導してくださいました。

私がキリスト教徒になったきっかけは、この木村先生の影響です。この名古屋中学は内村鑑三先生とも関わりのある学校で、在学中、私はキリスト教について深く学ぶことができたのです。

名古屋中学に四年の二学期から編入した私は、八高を目指して勉強を始めました。四年生を修了すると高校を受験することができます。しかし翌春の八高受験は、あえなく失敗。五年間も、米国において英語漬けの生活をしてきたため、今度は日本語が私のハンディになっていました。国語と漢文の成績が十分ではなかったのです。

よし、もう一度挑戦だ！　私は五年に進級し、翌年の受験を目指して再び勉強を始めました。また、五年生の時は名古屋中学柔道部でキャプテンも務め、充実した生活を送ることができました。

首席であったばっかりに

一九三七年（昭和一二年）、私は首席で名古屋中学を卒業しました。ところが、皮肉なことに首席であったことが私の八高受験をまたもや阻むことになったのです。

私が五年に在学中、名古屋高等商業学校（現・名古屋大学経済学部）から名指しで「高山を是非、うちの学校に進学させてくれ」という勧誘が来たのです。当時、名古屋中学首席の者一名を学校推薦により無試験で進学させるという暗黙の約束がありました。つまり、第八高等学校、名古屋高等工業、名古屋高等商業の三つの中、首席の者が一名毎年無試験入学することになっていました。

その制度からすると私の卒業年度は私が名古屋高商へ進むことになります。八高受験を目指す私は、当然、固辞しました。しかし私がその年、進学を拒否すると、翌年からは無試験推薦が取り消されるかもしれない。どうしても行ってくれと学校当局に強く頼まれ、とうとう八高受験を断念、名古屋高商への進学を決めたのです。親しかった福地虎雄先生は、是非、八高に進学せよと強くおっしゃいましたが、運命は私を別の道へ進ませました。

この年の七月、盧溝橋事件を契機に日中戦争が勃発。以後、日本は国民に多大の犠牲を強いる戦争への道を、ひたすらに突き進むことになります。

そんな不安定な世情の中、私は二〇歳を過ぎて、まだ自分の進路さえ思うようにいかない理不尽を感じておりました。

進学はしたものの、希望に添わない学校という気持ちが残り、今ひとつ情熱が湧きませんでした。

私は入学直後から柔道部に入って、毎日三、四時間の練習。当時、体重七〇キロだった私より、ひとまわりもふたまわりも大きな同級生や先輩たちに、放課後、夜の八時くらいまでしごかれているうち、私は肺浸潤という病気にかかってしまいました。

母はたいそう心配しましたが、私はもっけの幸いと柔道部を退部して受験勉強に精を出したいと考えます。いつまでも意に染まないルートに乗ってはいられません。しかしその時、私はすでに東京帝大志望から考えを切り替えて、名古屋高商で三年を終えたら東京商科大学（現・一橋大学）を受験することにターゲットを変更しておりました。

柔道部を辞めて、私は英語部に入りました。当時の英語部は、全国のスピーチコンテストなどでもあまりぱっとしない成績だったのを見かねて、米国で培った英語力で部員を励ますコーチ役を買って出たのです。

「僕の発音を真似して話すんだ」と、特訓をしていくと見る見るうちに成果が上がり、各学校主催のスピーチコンテストでも優勝できるようになりました。ただし、私自身は米国生活経験者というので、出場を受け付けてはもらえません。もっぱら裏方で、出場者を鍛える役です。それでも、ひとつだけ、福岡の西南学院でのコンテストでは私も出場を許され、その大会で優勝することができました。

私がもらったカップは、そのひとつだけですが、部では、一二か一三ものチャンピオン・カップを集めたでしょうか。なかなか楽しい体験でした。

その他、日米学生会議の日本学生代表に選ばれたりもしました。また、アメリカへ派遣される代表者に選ばれましたが、天野益夫君という同級の友人に代わりに会議に出席してもらいました。

私は、自分だけが華やかな役割を独占するのがイヤなのです。チャンスに恵まれる者は、時には恵まれない人に譲り、みんなに機会を与えて、できるだけ多くの人が向上するようにしていきたい。自分だけが偉くなったり進歩したりするのでは、少しも嬉しいとは思えないのです。

また、三年になってからは総務部で活動をしました。総務部というのは、各クラブの予算の割り振り、編成をする役目で、学内の優等生三人が学校推薦で選ばれるものでした。

私は運動部のほうに興味があったので、運動部を受け持ち、予算を割り振りました。部の活動を見るためには試合観戦にも行きます。柔道部はもとより野球部、剣道部、水泳部、陸上部など、随分応援に行きました。ホッケー部など、かなり頑張っていたと記憶します。

そうやって総務をやっているとみんなのことがよく分かります。友人・知人が増えたこともあって、総務の仕事はたいへん面白かった、良い思い出となっています。

このように、私は何かをずーっと続けて長い期間、やることがありませんでした。何かのきっかけで別の活動に移っていく運命にあったようです。それも人生の彩《あや》ではないでしょうか。

結果的に良かったかどうかは別問題として、友人が増えていったことは確かです。

「俺が守っているからな」

さて、東京商大受験を希望していた私でしたが、またもや受験を阻む事情が重くのしかかっていました。

ひとつは郷里の香良洲町で余生を過ごしていた父が病に冒されていたため、一刻も早く息子が社会に出ることを望んでいたこと。そしてもうひとつは、兵役の問題です。

アメリカで五年間を過ごしたため、私は同年の人よりも三学年、遅れた形になっていました。三年の遅れなど現代なら何ら気にすることではありませんが、当時は兵役の関係で重大な影響を持つことになります。どういうことかというと、当時は二五歳で兵役の猶予期限が切れることになっていました。したがって入学時にすでに二三歳に達していた私は、大学二年で休学して兵役に服さなければならないのです。

こうした事情で、私は大学受験を断念せざるを得なくなり、社会に出ることを決意しました。

おかげ様でさまざまな活動で名を馳せていた私のもとへは、名古屋高商の学生課を通じて、たくさんの会社から入社の勧誘が来ていました。日本陶器（現・ノリタケ）、大同製鋼（現・

大同特殊鋼）など多数ありました。

結局その中で、父の願望もあり私の英語力を高く評価してくれていた伊藤忠商事に決めるのですが、入社にあたって私は、「ニューヨークに派遣してくれるなら」という条件をつけました。やはり、自分の力をフルに活かす場はアメリカだという気持ちがあったのです。

伊藤忠商事の大阪本店に入社したのが一九四〇年（昭和一五年）の四月。その四カ月後の八月四日に、父が亡くなりました。帰国後五年間、父は悠々自適の生活でしたが、三重県から表彰を受けたり、さまざまな宴席に招かれたりで、多少の暴飲暴食がたたったのかもしれません。死因は腸潰瘍（今なら大腸ガンでしょうか）でした。

四月の末に倒れ、約三カ月の闘病生活を送りましたが、その間、父は痛いとか苦しいとか訴えることは、いっさいありませんでした。腸潰瘍だから痛みはあったのだと思います。しかし恨み言、泣き言はいっさい、口に出しませんでした。ただ、血便もひどくなり、死期が近づいていることは私たちにも感じられました。

その頃、伊藤忠の寮で生活していた私は、土曜日になると家に帰り、父を三重の自宅に見舞いました。ずっと看病している母を少しでも休ませたい気持ちもあったのです。

八月のある暑い土曜日、私は途中で神社に寄り、父のために祈りました。途中で父の好物の

栗まんじゅうを買って帰りました。我が家で付き添う母もたいへん疲れた様子でしたので、

「ママ、隣の部屋でちょっと休んだら。今夜は僕がついてるから」

母を休ませてから、父に栗まんじゅうを勧めました。

「来る途中で神社に回って早く病気が治るように祈ってきたんだ。そして、これ、買って来た。栗まんじゅうだよ。美味しいよ」

父は神道でしたから、神社に参った私の心遣いを喜んでくれたのでしょう。やつれた頬に栗まんじゅうを頬ばると、「ああ、美味いなぁ」と、ゆっくり味わって丸一個を食べてくれました。

それが、父が最後に口にした食べ物になりました。死期がすぐそこに迫っているというのに、父はいつも通り静かで痛いとも苦しいとも言いませんでした。

その夜、父の容態が急変しました。危ないと思った私は母を呼び、一緒に枕元へついていました。

明け方近く、四時頃だったでしょうか。突然、父がはっきりとした声で私に告げました。

「きれいな花電車でお迎えが来たから、わしは向こうへ行く。お前たちは、これからも頑張りなさい。わしが守っているからな、お前たちはどこへ行っても絶対に大丈夫だよ」

そう言い残すと、静かに息を引き取りました。この父の遺言は、後に戦地でも私の支えとなりました。

何も思い残すことはない。わしゃ満足じゃ。そういう気持ちで父は逝ったのではないかと思います。痛みや苦しみを訴えず毅然としていられたのは、修養の結果なのか、宗教心なのか私には分かりません。

三重県の片田舎で育った父が、日露戦争に従軍して負傷し、その後、アメリカに渡って生活をする。並大抵の苦労ではなかったはずですが、それに負けず充実した生をまっとうしました。息子の私が言うのもおかしいでしょうが、死に様ひとつ見ても分かるように、どこに出しても恥ずかしくない立派な人間だったと思います。

父の見事な臨終を見て、父の生涯を汚さないように生きていかなくては、と改めて決意したのでした。

臨死体験

大学へ行ってもっと勉強をしたかった私でしたが、父を亡くした後には、生きている間に就職をして安心させることができて良かったと、しみじみと感じました。おそらく父は自分の死期を感じ取って、私の就職を強く望んだのでしょう。最後の親孝行ができたことで、ほっとした気持ちになれました。

孝行のつもりで決めた就職でしたが、伊藤忠へ入ったことは、私のその後の人生にとってたいへんプラスになりました。そこで私は、これまで抱いていた人生観とは全く違う価値観「伊藤忠精神」を学ぶのです。

伊藤忠精神とは、ひと言でいえば「金儲けざる者は賊軍」という、いっそ潔い考え方。勝者になるには、とにかく金を儲けなければダメなのだ、言いたいことがあればそれから言え、とたたき込まれたのです。

お金儲けの才能は、学歴とは関係がありません。学問の才能と商才は違うのです。当時の伊藤忠では役員の約半分が小学校卒だったように思います。そういう商才のある人たちは、当時

「三品相場」で驚くほど儲けていました。

三品相場とは正式名称を「株式会社大阪三品取引所（現・大阪商品取引所）」といって、綿花、綿糸、綿布の商品相場です。明治時代からの歴史があり、綿糸布の取引価格は公定相場として遠く海外においても影響力があったといわれていました。が、次第に戦争による統制経済へ傾斜。自由経済の象徴である取引所の機能が抑圧されて、一九四二年（昭和一七年）には取引所自体が解散させられました。

私が伊藤忠時代に見たのは、三品相場の最後の時期だったのです。その相場で儲けた人たちは、サラリーマンでありながら莫大な賞与を手にしていました。ある社員は賞与額が給与の百倍だった、という話も聞いたことがあります。

兵役に就くまでの一年半ほどの短い期間でしたが、伊藤忠での生活は刺激に溢れ、友人に恵まれ、青春を謳歌できた楽しい時期でした。

だが、父が亡くなった後、今度は私が病に倒れます。ひどい下痢が止まらない、急性大腸カタルでした。医師が「もう危ないから、最後に会わせたい人を呼ぶように」と母に指示したほどです。すぐに病院に家族、親戚が集まりました。

すでに私は人事不省ですから、何も分かりません。ただ、寝かされて誰かににらまれているような感じがしていました。

そのうち、ふっと身体が軽くなるような気がしました。私の魂が身体を出て長いトンネルのようなところをずーっと進んで行くのです。その時、私の名を呼ぶ母の声が聞こえました。

「あ……ママが呼んでる」

と思ったとたん、「あれ？」と気付いて意識が戻りました。それが私の唯一の臨死体験です。人間は病気で死ぬ直前に一〇分間くらい仮死状態になることがあります。それは限りなく死に近い状態です。その時に、人は魂となって肉体を離れる体験をする。そういうリポートが数多く報告されています。魂があるのだという証拠といえるのではないでしょうか。

生き返った私は、順調に回復しましたが、退院しても伊藤忠の寮には戻らず、近隣にあった姻戚のお宅に住まうことになります。寮とは比べものにならない、大事にしてもらえる待遇。ご馳走になった美味しいトマトの味が忘れられません。災い転じて福。転んでもタダでは起きない、といったところでしょうか。

アメリカ勤務は中止

しかし、当時の私にとっては病気よりもさらにショックなことが起こりました。一九四一年（昭和一六年）三月。入社の条件であったニューヨーク派遣がやっと決まったと内達が出て、渡米準備に追われていた時のことです。突然、人事部長に呼び出されました。難しい顔をして待っている人事部長を見て、良からぬ知らせだとピンときました。社長が会いたいそうだから社長室へ行こうというのでした。

社長は、「ニューヨークへはやらん。こっちに残れ。戦争が始まるから誰も派遣しないと役員会で決まったんだ」と言うのです。

悪い予測はしていたとはいえ、社長の言葉はあまりのことに思えました。三〇社ものオファーの中から伊藤忠を選んだのは、ひとえにニューヨーク勤務が魅力だったからです。アメリカ赴任なしでは、この会社に入った意味がありません。

とはいえ、当時の状況を考えれば無理からぬことではありました。前年、日独伊三国同盟が結成され、当時ヨーロッパではドイツ軍の快進撃が続き、戦場が拡大しつつありました。枢軸国の側に立った日本はアメリカと一触即発の状態。今にも決定的瞬間を迎えようとしていたのです。こうしたなかで伊藤忠としても在米資産の引き上げを考えざるを得なくなっていたわけで、そこへ新たに社員を送ることなど、できない注文でした。

「なんでですか？　入社する時の約束やったじゃないですか」

それでも、私はあくまで食い下がります。

「大丈夫です！　私にはアメリカ国籍がありますから、向こうでの心配はありません。こういう時だからこそ、私をやってください。向こうで伊藤忠の財産を守ってみせます」

そう強弁したものの、大丈夫なはずなどありません。財産を守るなど実際にはできっこないのです。そんな若造の強がりや浅知恵など、社長との面談に同席した部長は歯牙にもかけませんでした。

「ダメだ。とにかく役員会でも決まったのだから、覆されることはない」

それでは約束が違う！　どうにも収まらない私は、母の従兄で、かねてからのアドバイザーでもある、清水建設の当時、名古屋支社長の小笹徳蔵氏に母と一緒に相談に行きました。

「うーむ」

小笹氏はうなりました。熟考の末、こうアドバイスしてくれました。

「今は伊藤忠にいるのが一番いいだろう。この時代、うち（清水建設）に来てもダメだし、銀行も見込みがない。一旦入ったんだから、我慢せい」

諭されてブツブツ言いながら帰って来た私に、会社は暫く後に代替案としてビルマ行きを勧めてきました。そんな安易な提案には応じられません。

「一度約束したのですから、ニューヨーク以外には参りません」

意地になって固辞した私でしたが、運命というのは皮肉なものです。この時、プロジェクト・チームとして二〇名余りがビルマなど東南アジアに派遣されましたが、ある者は戦火に巻き込まれ、ある者は病没し、ある者は行方不明になり、ごく少数の者のみしか帰国できなかったと聞きます。不幸中の幸いというべきでしょうか。もしかしたら、遺言通り、父が守っていてくれたのかもしれません。

応召前夜のどんちゃん騒ぎ

一九四一年（昭和一六年）の残暑が厳しい時期のことです。

ニューヨーク勤務の夢は潰え、情勢は、日増しに不安定になっていく中、それでも私は仕事の面白さに没頭する日々を送っていました。そんな時、私に一通の手紙が届きました。内容を読んで、私は何はともあれ、まず母のもとへ行きました。

「ママ、僕、アメリカに帰りたいんだが」

いきなりそんなことを言い出した私に、母はショックを受けたようでした。ニューヨーク勤務がダメになったというのに、今さらどうしてアメリカへ？　母はいぶかしく思ったのでしょう。

「……お前、いきなりなんやの？　アメリカって。なんで？」

私は封書を差し出しました。それは、アメリカの移民局からの引揚げ勧告書でした。

一九四〇年（昭和一五年）から四一年にかけて、アメリカ合衆国国務省は、在日領事館を通じて全ての在日二世に帰国を促したといいます。それはアメリカの属地主義の国籍法と日本の血統主義戸籍との矛盾から生まれた二重国籍の問題ゆえか、極東情勢の悪化ゆえか一概には言えませんが、同時に在日アメリカ人にも同様の勧告を出したことからすれば、迫り来る戦争を前にした最終処置であったことはあきらかでしょう。

この年には私と同じようにアメリカに生まれ、教育や仕事のために日本に暮らしていた移民の息子たちが、勧告を受けて大勢アメリカに帰国しています。帰米二世と呼ばれる二世の帰国ラッシュが、この一九四一年にはあったのです。そして私もその一員になろうとしていました。

「こんなのが来たんです。お前はアメリカ国籍だから戻って来いと書いてある。なんで戻らないかんのか、よう分からんけど、とにかく帰って来いっていうんだから、僕、帰りたいんだけど」

見る見る母の顔色が変わりました。

「何言うてんの！」

声はかすれて、弱々しく震えていました。目にはじんわりと涙さえ湧きあがっています。母が、ここまで動揺するとは思ってもいなかった私は、正直、どう対応していいか分からなくなりました。

「お前、向こうに戻って戦争になったらどうするの？　私は日本にいるんよ」

アメリカに戻れば、米軍の兵役にとられることは分かり切っていました。日本と戦うことになるのは、母にも銃を向けるのと同じ。私に向けて戦争するんか？　母は言葉に出さずに訴えていました。

「いかん。絶対にいかん。お前が向こうに行ったら私はどうなるの？　お前は日本にいて、私のことを見とってよ、お願いだからそうしておくれ」

これほど強く私に何かを強いる母は、初めてでした。

「分かった。分かったよ」

日本に残る母の気持ちに思い至らず、安易にアメリカに戻る気になっていた自分を私は少し恥じ、すぐに母の懇願に応えて日本に留まる決心をしました。

もしもこの時、アメリカへ帰っていたとしたらどうなっていただろう、と考えることがあります。

それから三カ月もたたぬうちに日米は開戦しました。その年の一二月八日です。私もすぐに他の日本人といっしょに収容所へ入れられていたかもしれないのです。そして、厳しい欧州戦線の最前線に送られていたと予想されます。日系二世の部隊は、ヨーロッパで華々しい戦果をあげて讃えられたということですが、その殊勲の舞台は最も過酷な条件下の戦場であり、犠牲者の数も桁外れだったと聞いています。

しかし、時は戦時。日本にいても同じ運命が私を待っていました。私のもとに、今度は日本国からの召集令状が届きます。そう、私にもついに召集令状が送られてきたのです。

その通知が来たのは一九四一年（昭和一六年）の一二月二九日のことでした。開戦から二十日後という素早さです。

兵役をすませていないため、まずは訓練の教育召集です。俗に赤紙、と呼ばれる赤い紙に印刷された「臨時召集令状」とは違いますが、遅かれ早かれ戦場に行くことには変わりありません。

「ついに来たか」

とうに覚悟はできていました。

伊藤忠で働いていた私は、よく株を勧められていました。最初は興味を示さなかったのですが、戦争も間近な頃、知り合いの株屋さんがやって来て、いつにも増して熱心に勧めるのです。

「髙山さん、今、南洋興発の株を買ったら儲かりますよ。アメリカと戦争になったらどれだけ上がるか分からないですよ。絶対に買いなさい」

最後は命令口調です。勧められたのは、南洋興発というサイパンにあるサトウキビ会社の株でした。

私は、母のところへ行って金を借りると、生まれて初めて株というものを買いました。一万株くらいではなかったかと思います。

さて、アメリカとの戦争が始まると、株屋さんの言った通り。上がるわ、上がるわ、面白いように株価が上がっていくのです。召集令状をもらって、この株のことが頭に浮かびました。よし、あれを売ろう。

元金分は、母のところへ返して、残った儲けはどのくらいだったでしょうか。わずかの期間なのに、おそらく今の貨幣価値で一〇〇万円ほどの儲けになっていたかと思います。

召集令状が来たのが一二月二九日。入隊は一月一〇日になっていましたから、その四、五日前には準備で実家に帰らなくてはなりません。よし、それまでの間、楽しむぞ！

楽しむと決めたら、自分ひとりより、みんなでエンジョイするのが昔からの私の流儀。それから毎晩、宴会です。会社が終わった後、伊藤忠のメンバーを誘って夜の街に繰り出しました。

「金のことは心配するな、じゃんじゃん飲もう！」

飲んだり食ったり連日連夜のどんちゃん騒ぎ。今さら、金など持っていたくありません。どうせ死ぬんだ。全部使い切ってしまえ！

自棄というのとは違います。どんな時でも、その状況で精一杯にエネルギーを燃やす。最大限にエンジョイする。そんな青春の一時期でした。

第二部　国破れて山河在り

幹部候補生の短期集中訓練

一九四一年（昭和一六年）一二月八日、日本軍のパールハーバーへの攻撃を皮切りに、日米は戦争状態に突入しました。太平洋戦争の勃発です。

翌一九四二年（昭和一七年）一月一〇日、私は教育召集で入隊しました。教育召集というのは、新兵を実際に戦場に送る前に、何とか戦地で働けるよう訓練をするための召集です。期間は三カ月。訓練のひとつひとつが命に繋がります。徹底的にしごかれて、四月には一旦自宅へ帰されました。

そして、改めて「臨時召集令状」、俗にいう赤紙が送られてきたのが夏も終わりの頃でした。入隊は九月十日。私は野戦要員で一五一連隊に配属です。

三池丸という船で呉の港を出たのが一一月はじめ。中国大陸へ向けて数日間の船旅になります。

以前の、太平洋を渡る希望に満ちた船旅とは、なんという違いでしょう。明るいパシフィックオーシャンに比べて、暗い黄海は海の色さえも陰鬱に映ります。もちろん海が悪いのではなく、私の心の色が海に映し出されてそう見えただけなのですが。

　中国は揚子江のほとり、上海より上流の銅陵《どうりょう》に着いたのは一一月二一日のことでした。そこで一三三連隊の第三大隊に編入。その時、同地の連隊本部には三〇〇〇人近い兵隊が駐屯していました。

　現地で訓練を受けていると、幹部候補生の試験が実施され、有資格者は全員受験しろとの命令です。専門学校を卒業していた私も有資格者でした。成績で上から一〇人が甲種幹部候補生に、その下の数十人が乙種幹部候補生に、その下は不合格で幹部にはなれません。甲種は将校になりますが、乙種は下士官、せいぜい上りつめても曹長

1942年、入隊時。
左より妹京子、母よね、筆者、姉ちゑ子、後列妹米利子

甲種幹部候補生、陸軍伍長時代

止まりです。

受けてみると、私は甲種幹部候補生に合格。これには喜びました。いえ、軍隊での出世が嬉しいということではありません。故郷《くに》へ帰れると思ったからです。当時、愛知県豊橋に陸軍の士官学校がありました。幹部候補生になれば、そこで訓練されるはず。やったぞ、故郷の近くに帰れる！　好きで来た異国の地ではありませんん。帰れるものなら少しの間でも帰りたいというのが本音でした。

ところが、これはぬか喜びに終わってしまいます。天津からずっと西。大陸の奥地に入った中国北部に保定《ほてい》という町があります。ここに蔣介石も卒業したという軍官学校があり、私はそこの予備士官学校で、見習士官になる教育を受けることになりました。丸八カ月の厳しい訓練でした。

将校を養成する陸軍士官学校は、入学試験に合格すると新兵でやって来て訓練を受けながら、一等兵から上等兵、伍長、軍曹、曹長と昇進していく形をとっています。現役士官学校ではこの過程に約三年かけます。現実に士官を養成しようと思ったらそれくらいの時間はかかるのです。ところが、それをここでは、わずか八カ月の「促成教育」でやろうというのですから、かなりの無理が出るのは当然でしょう。

作戦上の勉強はともかくとして、学科訓練はそれほどたいへんではないのです。過酷なのは肉体訓練、精神訓練。渤海湾岸の山海関《さんかいかん》というところは万里の長城の東の端にあたります。この長城を上り下りさせられ、それはそれはしごかれました。急所、難所を重い装備を背負っての上り下り。

ぼろ布のように疲れて、目を開けているのも容易ではないというのに、その上、下痢まで患い、痔を我慢しながらの訓練でした。痔の治療のためには四日間の入院を命じられ熱石の上に尻を置いて治療させられました。手術をしたら出世が一年遅れるということもあり、四日の病欠扱いで熱した石を肛門に当てて寝て治して部隊に復帰しましたが、過酷な訓練に、病気になる者、落第する者も出る始末でした。

徹底的にしごきまくられた結果、八カ月後に卒業して見習士官となり、連隊本部に戻って来られたのは、一〇人の甲種合格者のうち八人。あとの二人は、その後どうしたのか分かりません。おそらく南方戦線に遣られたのかもしれません。何にしろ、戻れた私は運が良かったのだと思っています。

原隊に戻った時には一九四四年（昭和一九年）の正月が明けていました。最初の教育召集からちょうど、丸二年がたっていました。

私たちは、連隊が現地で養成した初めての見習士官だったので、黒瀬平一連隊長以下にたいそう喜ばれ、激励されました。そこから、さらに原隊で将校としての訓練です。下士官と同じように銃剣術、剣道などの訓練、教育をされ、その上で、初めて野戦に出るのです。

すでにこの頃、ミッドウェー海戦、ガダルカナルでの敗退を契機に戦局は日本に不利となり、大陸中国でも抗日民族統一戦線が結成され、各地で中国軍の反撃が繰り返されるようになっていました。戦局はさらに厳しさを増し、苛烈さを加えていったのです。

下っぱ将校ひとり河を渡る

一九三七年（昭和一二年）の七夕の夜、盧溝橋で起きた局地的な衝突を発端に始まった日中戦争は、ごく短い期間で中国を制圧するという当初の日本軍首脳の予測を裏切って、長期戦を強いられ泥沼化する一方のように見えました。

太平洋戦争開戦後は一部を南洋作戦に投入したため一時期より減少したとはいうものの、依然として日本陸軍の大勢は中国大陸にあり、私が従軍していた一九四二〜四四（昭和一七〜一九）年頃にも二〇個師団、六〇万人以上もの兵が中国戦線で戦いを続けていました。

一九四二年の四月、日本本土はアメリカ軍ドゥリットル隊による初空襲に襲われます。大本営はこれにショックを受け、B25爆撃機が着陸予定だった浙江省、江西省の飛行場を破壊する作戦を実施。さらに一九四三年一一月、江西省遂川《すいせん》飛行場を飛び立ったB25が台湾北部を空爆するや、「大陸打通作戦」いわゆる一号作戦の遂行を命じたのです。

一号作戦とは、京漢線（北京〜漢口）、粤《えつ》漢線（武昌〜衡陽〜広州）、湘桂線（衡陽〜柳州）の縦貫と桂林、柳州などの敵飛行場壊滅を狙った作戦で、中国戦線で最大規模、約一六個師団、五一万人の兵が投入されました。

翌一九四四年（昭和一九年）の四月に開始されたこの大陸打通作戦に、私は第二大隊第七中隊第三小隊長として従軍しました。

長沙の前面作戦である汨水《べきすい》における戦闘でのことです。その時、我々第七中隊は連隊長命令として渡河戦闘を命じられていました。「泳いで河を渡り、対岸にいる敵を撃退せよ」という命令です。

河幅は約二〇〇メートルほどもあります。遠目にはそれほど分かりませんが、流れが急なところもあるようです。泳ぎの得意な私には、ふだんなら、何ということはない距離。ある程度泳ぎがうまい者なら泳いで渡ることはそれほど困難ではないでしょう。しかし、兵隊の中には泳ぎの得意でない者も大勢います。

その上、ここは戦場。向こう岸からは、敵の弾が例によってプスップスッと音をたてて飛んで来ます。降りかかる弾丸を避けて向こう岸まで泳いで渡ることは、いくら泳ぎがうまくても、相当の幸運に恵まれなければ難しいこと。まして水泳の不得意な者となると……。どれほど甚大な被害が出るか、私には一目で察せられました。

すでに、ここにたどりつくまでの畦道行軍でも、地雷を踏み戦死した者も見てきました。私は自分の部下が一番可愛いのです。できるだけ犠牲者は出したくない。その一心で考えました。

敵はあらかじめ河の手前の草を刈っていました。そのため、河の手前の広場に身を潜める場所はそんなに多くありません。素早く走って、こんもりとした丘のような地形に隠れて前進すると、その時、一艘の日本軍の鉄舟が見えました。これを使わない手はありません。

工兵隊に交渉しました。しかし、なかなか船を渡すことに承諾しません。

「これは連隊長命令である」

連隊長命令は、ウソです。しかし、そんなウソなど部下の命に比べていかほどのものでしょう。工兵隊が承諾すると、すぐに曹長を呼んで命じました。

「あの鉄舟を我らの小隊に持ってこい」

私は、すぐに自分の小隊四五人全員を乗船させました。その間、私自身は靴を脱いで裸足になり、拳銃と軍刀を背負って泳ぐ準備をしていました。

「小隊長殿は乗られないのですか？」

泳ぐ準備をする私の恰好を見て、部下のひとりが聞いてきました。

「俺は泳ぐ」

命令だからです。連隊長からの命令は「泳いで渡れ」。ならば、少なくともひとりはその命令に従わなくてはならない。部下は私の責任で、舟に乗せる。こんな弾丸の飛んで来る河を泳いで渡るなど、そうそうできっこない。長たる者、自分の部下が一番大事なのです。部下の命に比べたら、連隊長もへちまもあったものじゃない。

部下は舟に乗せるが、長たる自分は泳ぐ……これが日本の軍隊の本当のあるべき姿、真髄だと私は思っています。現場を知らずに机上から命令ばかり出している上官にだけはなりたくなかったのです。
しかし、実際には「ならば自分も泳ぎます」という兵が出てきます。「ダメだ。俺は連隊で、渡河戦闘の訓練をちゃんと受けている。お前たちは受けていないからダメだ。もしもひとりでも溺れたら、我々は国軍のひとりを失う。だからお前たちは舟で渡れ」

鉄舟を出し、私はそのそばを舟の様子を見ながら泳ぎ始めました。

弾は水の中を通しません。潜っていれば安全ですから、私は潜水泳法で前進して行きました。浮かび上がるのは、息継ぎの一瞬だけ。長く潜れば潜るほど安全です。

三重の海で鍛えられて泳ぎは大得意ですから、やがて二〇〇メートルを泳ぎ切って、無事、向こう岸に着くことができました。若さと、大好きな水泳の技術が私を生かしてくれたのです。でも、自分が泳ぎ切ったことより、舟に乗せた部下が全員、無事に渡り切ったことに私は満足しました。うまく隊を率いて向こう岸に渡らせることができた。それが何より嬉しいことでした。

上の命令を鵜呑みにして部下の命を無駄にするような将校が少なくない中、上官の命令より部下の命を大事にする行動がとれた。アメリカで培われた自由な精神が私の中には根付いていたんだ。そんな満足感も湧き上がりました。

ところが、あたりを見回して愕然としました。うちの小隊以外は、隊の形態をなさないほど兵の数が激減していたのです。我が中隊には指揮班を入れて四つの小隊があり、全部で一四〇名近い兵士がいたのに、数えてみると半分の約七〇名くらいしかいないのです。そのうち四五名が舟で渡った私の小隊ですから、泳いで渡った兵隊のうち約三分の二、五〇名余が渡河中に死んだ計算になります。

四人いた将校のうち、中隊長と他の二名は死亡。生き残ったのは一番下っぱ将校の私ひとりだけという惨状でした。

なんという無謀な命の損失でしょう！　このような無謀な作戦に挑むのは勇気でも何でもありません。蛮勇としかいいようのないもので、真の勇気とはかけ離れたものです。

日本の敗戦の陰には、このような人命を軽視した蛮勇の犠牲者が無数にありました。私は、それが悔しく、残念でなりません。もっと正確な情報と緻密な計画、練られた作戦に基づいた戦いをなぜ、できなかったのでしょう。長たる者の責任の重さを、私はこの時、我が身に深く刻みつけたのです。

連隊長は、この戦闘を後方から双眼鏡で見ていました。

「おい、高山、貴様は殊勲甲だぞ。たいしたもんだ」

連隊長に誉められたのはいいとして、とたんに、まだ少尉に任官していない見習士官の私が「中隊長代理」に任命されて驚きました。私は中隊で一番下っぱの小隊長から、いきなり二個小隊と指揮班からなる中隊を指揮することになったのです。

「言いたいことがあったら言い残して行け」

私は、当時の日本の軍隊では、相当変わったヤツだと見られていたことでしょう。

今や「敵国」となったアメリカで生まれ、アメリカで教育を受け、英語がしゃべれる。それだけでも十分異色なのに、相手が「将校」であろうと、それだけでは尊敬などしないのですから。実際、頭の悪い将校もたくさんいたのです。作戦を立てるのがへたで、戦術の研究などをしている時も、彼らの立てる作戦には大いに異議がありました。とても黙って見ていられません。

私が保定の予備士官学校にいた頃ですが、中隊長は少佐で担当将校としては他に大尉、中尉が何名かいました。ある時は、作戦問題で意見を出し合いますが、最後は階級意識が強く、上官が決めたことには絶対従うという訓練をされていました。

私は自分の意見を述べることも必要とは思っていましたので、上官の意見が間違っている場合、

「この作戦を実行すると友軍は潰される、それでもいいですか？」

私は純粋に作戦の是非について提言、争うことも辞しませんでした。将校は、位の下の者から反論などされたことがないので、すぐに頭に血を上らせ、真っ赤になった顔で怒鳴りつけます。

「なんだお前！　つべこべ文句言うな！」

「文句じゃありません。正当な反証です」

「貴様！　上官にたてつく気か」

口論の末、将校に投げられて押さえつけられることもありました。私は柔道で鍛えた腕に自信があったので、逆に投げ飛ばすこともできましたが、もしそんなことをしていたら、即、降格、処罰されかねません。自分がどんなに正当であろうと、上官の命令に服従することが我々の役割で、反抗することは固く禁じられていました。伸ばしかけた腕をぐっと止めて、とにかく我慢。腹の中では、こんちきしょうと思いながら、忍耐、忍耐の連続でした。

日本軍では、我々は上官の言葉は天皇陛下の言葉だと思って聞け、と教育をされました。どこの国の軍隊でも戦場に出れば上官の命令は絶対です。命令系統がきちんと整っていなければ、どんな作戦も機能しません。しかし、それは一旦、命令が下った後のこと。それまでに正当な議論がなされなくては、作戦の有効性を検証できません。下の者の意見といえども、聞くべきものがあれば耳を傾ける。こういう姿勢こそが軍の力をより高めていくのは間違いないでしょう。

野戦に出て、そのことをイヤというほど思い知らされることになりました。私が、たいへん悔いている命令があります。それは、ある夜間戦闘でのことでした。

その時、中隊長として軍務に就いていた私は、大隊本部に呼ばれて、敵の状態を探るのに斥候を七名出せ、と命じられました。私は反論しました。

「大隊長殿、それは意味ないと思います。今、斥候を出しても、暗いし何も見えません。出したって死ぬだけです。朝まで待ちましょう」

真っ暗な山野の戦場で、敵の何が調べられるというのでしょう。向こうもこちらのことは何も見えず、それでも雨霰と弾を撃ってきているのです。そんな中に斥候を行かせたら全員が死ぬことは、私には分かりきっていました。何の役にも立たない犬死にになります。可愛い部下たちをそんな目に遭わせるわけにはいきません。

「命令に逆らうのか！　とにかくすぐに出すんだ」

大隊長はあくまで命じてきます。

「無茶くちゃです。今出したら、全員、死ぬのが分かっているのに。死んだら戻って報告もできない。斥候としての役目をなさないじゃないですか。考え直してください」

おいそれと引くわけにはいかない。兵隊といえども将棋の駒ではありません。血の流れている人間です。人の命がかかっているのです。どうしても出さないと言い張る私に、大隊長は最後のひと言を言い放ちました。

「これは、私だけの命令ではない。連隊長命令だ」

上官のいうことは天皇陛下の言葉。もう、変えることのできない最終命令が下ったのです。私も、最終的には命令に逆らうことはできませんでした。

小隊に戻って兵を選び出しました。伍長を長として、上等兵、一等兵、合わせて七名。そして、彼らに因果を含めました。

「私は上官としてこんな無茶な作戦を君らに強いることはできない。そう言って大隊本部で抵抗したが、なんぼ言っても聞き入れてもらえなかった。この作戦で出て行ったら、お前たちの命はないだろう。言いたいことがあったら、ちゃんと言い残して行け。記録に残してご家族には伝えるから」

我ながら、どんな顔をしてこんなことを言えたのでしょう。戦場で人は尋常でいられないものです。今の私はとても七人の命を「国に捧げよ」とは言えません。しかし、彼らは異口同音に答えました。

「いえ、自分たちは軍人です。いつでも死ぬ覚悟はできています。おっしゃる通りにやります。言い残すことはありません」

実際の戦場では、鉄砲の弾はバンバンと派手な音には聞こえません。プス、プスと鈍い音をたてて飛んできます。漆黒の夜の中、鈍い音をたてて降ってくる弾の雨に向かって出ていく七人の男たち。彼らの背中が、私には忘れられません。結局、七名全員が戻ってきませんでした。戻らないことを私は十分知っていたのに。

翌朝、見ると敵の姿は跡形もなくなっていました。こちらのほうが勢力が強かったので、闇に紛れて逃げて行ったのです。なぜ、それまで待てなかったのか。今も悔やみます。

日本の軍隊はあまりにも多くの無謀な作戦を遂行させました。あたら命を無駄に捨てた、捨てさせられた人が多すぎました。それが非常に残念です。いくら悔やんでも悔やみきれません。

私は、大隊長命令で将校斥候というものもやりました。

「俺が行ってくるから、お前たちはここにおれ」

と、兵を後に残して、自分が斥候長となり偵察に行くのです。そしてこの道はどうなっているから、敵はこちらへ来るだろうなどと暗闇の中、顔を地面につけて敵状を観察しながら、作戦を考えるわけです。

まだ、若いので体力があります。他の兵は寝かせて、自分たち幹部は寝ずに作戦を練る。第一線に出ていた時ですから、懐中電灯も切れてしまったのでマッチに火をつけて地図を見ながらの作戦会議です。どういう風にすれば敵を撃滅して、早く前進できるか。知恵を絞りました。

作戦を立てて、田圃の中を通り、向こうの道路上で機関銃を構えて待っていますと、敵がやって来ます。敵は、自分の国にいる気安さからか、声を出して進んできます。わぁわぁ喋りながらやって来るので、すぐに分かるのです。敵は日本軍の状況は知りません。

こちらは、音をたてないように息を殺しての待機。動く時も音がしないように、息を殺しての匍匐《ほふく》前進です。敵軍が至近距離に来たと思われるところで、「撃てー!」。

タタタタタッ!　と機関銃の音が鳴り響きました。翌朝、見たら敵は何十人も死んでいる。こちらの被害は全くありませんでした。

戦闘の成果は、指揮官の作戦によって決まります。下級将校といえども、部隊の目的に添うためにそのつど頭を使って、友軍を有利に導く責任があります。いや、下級将校こそ、兵の近くの最前線にいて、その場の状況はよく分かるのだから、自分で見て判断し、どう兵を動かすか考えるべきなのです。連隊長命令に頼っていないで、自分で考えなくてはいけないのだと思います。

先にお話しした七人の斥候の時も、連隊長は後ろのほうにいて状況が分かっていなかった。だから誤った判断で間違った命令を出して、兵隊を無駄に死なせたのです。前線にいて、より状況を正確に掴んでいる中隊長、小隊長の言うことに耳を傾けていれば、そんなことにはならなかったはずです。私は、あの七人の斥候が惜しまれてならないのです。

上官たちは硬直した考えで、下の意見を聞かず、柔軟に適切な作戦を立てられなかった。下級将校たちも、上の判断を頼って自分で考えることが少なかった。

日本軍の精神の貧しさが露呈したのだと思います。日本陸軍は、ダメな戦争をして、日本という国をダメにしてしまった。このことは、声を大にして言いたい。一億国民をこれだけ、苦しいたいへんな運命に引きずり込んだのです。悔やんでも余りあります。

どれだけ無為に人が死んでいったか。行軍中に、自ら自爆する兵さえいました。歩いていて、ふっと立ち止まったかと思うと、手榴弾の信管を抜いて自爆してしまうのです。凄まじい戦闘に疲弊し切って耐えられず、こんなに苦しいなら死んだ方がマシだ、と思ってしまったのでしょう。その追い詰められた心理を考えると、哀れでなりません。

また、ある兵士は、行軍中にずんずん歩いて、灌漑用の河、クリークの中に入って行ってしまいました。私は「お、こら、いかん」と気付いて、「お前たち、助けて来い！」と、ふたりの下士官に命令しました。ふたりは必死に走って追いかけました。クリークの中を泳いでつかまえようとしましたが、届きません。追いつけないうちにずぶずぶと沈んで見えなくなってしまいました。下士官たちは潜って探しましたが、水中は視界が悪く、何も見えずに諦めて戻ってきました。その兵も死ぬ覚悟でクリークに自ら入ったのでしょう。目の前で沈む姿を見ながら、どうしようもありませんでした。

思い出せばきりがないほど、悲惨なエピソードがたくさんありました。それが戦争です。

家を守っていた三人姉妹

戦争中は、部隊の兵隊だけでなく、民衆の命も無為に散らされます。いろいろなことを見てきました。

部隊の尖兵中隊として行軍していくと、遭遇するのは現地の人々、民間人です。民間人に悪事を働く兵もいます。うちの隊の下士官にも悪いヤツはいました。

ある村に入って野営をしていた時のことです。キャー！という女の悲鳴が聞こえてきました。民間人の家の中です。キャー、ワーッといつまでも騒がしいので、何事かと思って行ってみると、姉妹らしい中国人の三人の娘が逃げまどっていました。

こともあろうに、うちの下士官が娘を手込めにしようとしているではありませんか。

「お前、何しとんのや！」

私は、かっとなって声をあらげました。何をしているかは一目瞭然。

「この野郎、やめろ！　民衆には手を出さないというのが我々の軍規じゃないか！」

言い終わるか終わらないうちに、私は拳をふるいました。

バン！　思い切り殴りつけると、下士官の身体が吹っ飛びました。私は身体は大きくありませんが、長く柔道をやっていたせいでしょうか、腕力は人一倍強かったのです。

下士官は驚いて、すっかりしゅんとしてしまいました。彼も、戦場での緊張感に耐えられず猛々しくなっていたのでしょう。しかし、決して許されることではありません。

バンバンバン！　私は、さらに乱暴を働いた兵隊の顔といわず身体といわず、殴りつけました。他の兵にも決して民間人に悪いことをしてはならないと分からせるため、見せしめの意味もありました。部下の悪事を止めるのも将校の仕事です。

倒れた下士官に、「さ、お前はもう帰れ」と言って退散させると、娘たちに向かって謝り、「あんたたちも、どこかへ逃げなさい」と付け加えました。

「明日、我々はこの村を出発して、その後に後続部隊がやって来る。兵隊は気が立っているから、後続部隊に何をされるか分からんよ。ひどい目に遭うかもしれないし、もしかしたら殺されるかもしれない」

ところが、三人姉妹はこう答えたのです。

「私たちは、三人で家を守るためにここにいます」

「お前たち、今は戦争だぞ。命が大事だろう。命を失ったら、家なんかあったってしょうがないじゃないか」

しかし、娘たちは最後まで私の説得を聞き入れませんでした。

「絶対に出て行きません。私たちにとっては、命より家が大事なんです。だから残ります」

翌朝、私の部隊は村を後にしたため、その三姉妹がどうなったかは知るよしもありません。おそらく、無事ではすまなかったでしょう。哀れなことでした。

我々日本軍は……というより、どこの国も軍隊は同じようなことをしたのかもしれませんが、民衆に対して随分ひどいことをしました。戦争は、兵隊と同様、民衆をも傷つけるものなのです。

野戦病院のシラミ

汨水の渡河戦闘の殊勲により第七中隊長代理を命ぜられてから約一カ月後、私は一三三連隊の第二大隊第七中隊を率いて衡陽近くの高地での戦いに従軍しました。銃撃戦から肉弾戦へ、非常に熾烈な戦いです。壕から壕へと渡り、肉弾戦で敵を倒していきます。私は連隊で鍛えられていましたから、肉弾戦にはある程度慣れていました。

ある壕へ移る時、敵兵と取っ組み合いになり、銃剣で刺して倒しました。そこまでは良かったのですが、刺された兵は断末魔の声をあげます。声がすると、その壕に弾が集中します。いかん、と、とっさに軍靴で倒れた男のあごをガッと踏み押さえたこともありました。

そんな残酷でみじめな行為も行なってきました。それをやらなければ、自分がやられるのです。まるで鬼のような精神状態になってしまうのです。戦争とはどこまでも残酷なものです。

ただ、私自身、どこの戦場でも死の影におびえることはありませんでした。父の死ぬ間際の言葉を真に受けて、親父が守ってくれるから自分は大丈夫だ、と信じていたからです。

ある時、我々第二大隊は勇敢に戦い、徐々に山を登っていきました。七合目くらいまで制圧した頃でしょうか、私は手榴弾を持って、壕の中から身を起こしました。敵めがけて投げつけようと、大きく右手をふりかざしたその瞬間、右手にガン！という衝撃を受け、壕の中にくずおれました。右腕を銃弾が貫通していました。

激しい痛みに耐えつつ、軍曹を探すや、「おい、お前が指揮をとれ」と命じました。負傷しては指揮はとれません。しかし組織には必ず長が必要。指揮官の空白は許されません。

ただその軍曹はやや気が弱く、ろくに指揮をとれないまま、第二大隊は七合目で頓挫してしまいました。壊滅状態に近い被害を被り、おびただしい数の部下たちが犠牲になりました。それでも何とか後からやって来た第三大隊がその後を受けて頂上まで登りつめ、高地を制圧しました。我々第一三三連隊が制圧したことから、「第百三十三高地」という名がつきました。

私の負傷は右腕の前膊《ぜんはく》骨折貫通銃創橈骨《とうこつ》神経損傷創という病名で長沙の野戦病院へ送られ、ギプスで腕を固定されました。

負傷の痛みもさることながら、辛かったのは飢えとシラミです。シラミは、ギプスの中にも容赦なく入ってきます。かゆくても、もちろん中まで左手の指は届きません。菜箸のような細い棒を持ってきて、ギプスの中に差し込んで掻くのですが、そんなものでは治まりません。あまりのかゆさに、全く眠れない日々が続きました。

戸板の看板と正露丸

腕は負傷していますが、他のところは異状なし。若さも幸いして体力の回復も早かったので、病院でずっと寝ているのは我慢ができなくなってきます。

私は、じっとしているのが好きではありません。たびたび病院のベッドを抜け出し、街を見て歩きました。将校ですから、身体さえ大丈夫なら出歩くのは自由です。

腕はギプスで固定して肩から吊っていますが、足は大丈夫。軍服姿ですが、軍刀などは持たずに歩き回りました。街には民間の中国人しかいないのですから、武器を持つ必要はないのです。

散歩をしていると、ひとりの中国人に出くわしました。何だか、こちらの軍服姿を不安そうに見ています。ははぁ。ピンときてその男に近づき、尋ねてみました。

「もしかしてお前たちは、日本兵から何かされたんじゃないのか？　日本兵たちからの危害はあるのか？」

「大いにある」

と中国人は不満そうに訴えました。男の家に日本兵が侵入してきて、家の中のものを奪い取っていくらしいのです。

「そうか。そりゃあ悪いなあ」

私は、面目なくて謝りました。

「よし、俺が日本兵が家に入らないようにしてやろう」

私はその男の家に行くと、入り口の戸板に筆で『この家屋に入るべからず。日本陸軍司令部』と大きな字で書きつけてやりました。右手が使えなかったので、左手で書いたのですが、何とか格好がついたようです。

数日後、同じように散歩していると、くだんの男が喜んで飛んできました。あの字を書いてもらってから、日本兵はぴたっと入って来なくなったというのです。私の左手で書いたへたくそな字でも本物に見えたのでしょう。

「それは良かった」

ところがその噂を聞きつけて、何人もの中国人が私を待っていました。戸板を持って並んでいます。口々に中国語で「うちにも日本兵がものを取りに来るから、ここに同じように書いてくれ」と頭を下げます。

私は日本陸軍の代表になったような厳粛な顔をして、こんなもので役に立つのなら、と何枚も左手で書いてやりました。

また、中国は水の衛生状態が悪く、みんなよく下痢をするのを知っていました。それで、私は衛生兵に頼んで正露丸をもらいました。両方のポケットにいっぱい正露丸を詰め込んで街に出ます。それを、街の人たち誰彼なく配りました。「セイロガン、ホシイ?」と聞くと、みんな欲しがるのですが、最初はいくらふっかけられるかと警戒しています。

「金なんかいらないよ。俺は日本軍に食わせてもらってるんだから、金は必要ない。タダであげる」

そう言うと、我も我もと群がって手を出してきます。ひとりにひとつまみ。一〇粒か一五粒くらいずつ手渡して、できるだけたくさんの人に配りました。

私には、こういう行為を通じて、日本人は今は敵になっているけどそんなに悪いヤツじゃないよ、そう分かってほしい気持ちがあったのだと思います。ほんの小さな行為ですが、できる限り、そういうこともしていました。

「一緒に連れてってください」

そうこうしているうちに、顔見知りがたくさんできました。

明日は、他の病院へ移される、という日に私はいつものように街なかを散歩していました。

見慣れた顔の男がいたので、

「明日から、よその病院へ移されるので、お前ともこれでお別れだな」

と告げました。

すると、その男は、

「大人《たいじん》、大人、お願いだから私も連れて行ってください」

と後についてくるのです。

「連れてってくれったって、日本の軍隊は、君たちを連れて行く余裕なんてないんだよ」

「きっと役に立ちますから、一生懸命お世話しますから、一緒に連れてってください」

病院へ戻る道すがら、私も連れてってください、私も、と志願者が増えて、とうとう三人の男が野戦病院の入り口にまでついてきました。

「残念ながら、本当に連れて行くわけにはいかんのだよ。こういう戦争だからいろいろ危険や苦労もあるだろうが、お前たちは自分で自分の身を守って、やっていきなさい。我々日本軍は、共産党と蒋介石の軍とは戦争しているが、本当は中国の民衆の味方のつもりなんだ」

そんなことを話して、帰ってもらいました。あの男たちも、無事に戦争を乗り切れたでしょうか。

約二カ月後、漢口の陸軍病院に移されました。ようやくそこで服を全部脱ぎ捨て、風呂に入れた時には、やれやれ、やっと助かったと、心底ほっとしたのを覚えています。シラミとの戦いには、さしもの私もすっかり降参しそうに参っていたのです。

食物が足りなかったため、陸軍病院へ移送された時には、体重が一〇キロも減って、ガリガリの体形になっていました。

ところで漢口には、伊藤忠の出張所があり社員が駐在していました。私は、病院からそこへ電話をかけました。

「おい、俺は今、漢口の陸軍病院にいる。できれば酒を持って来てくれ」

被弾してからおよそ二カ月たっていました。重傷と診断されていても、若いのでしばらく休めば身体は回復します。やっと満足な食事にもありついて、次には酒が欲しくなる。やはり若いということでしょう。

その時、飲んだ酒の旨さ。筆舌に尽くしがたいとは、あのことです。一杯の酒がこんなにうまいと感じたことは、後にも先にもありませんでした。

その後、上海、南京、奉天と各地の陸軍病院を転送されました。奉天から朝鮮半島を下って釜山《ぷさん》へ移動。釜山の近くの温泉で療養した後、船で博多港へ。懐かしい日本の地を踏んだのが一九四五年（昭和二〇年）一月一七日のこと。中国戦線で丸二年以上を過ごした計算になります。

将校会議の結論は敗戦是認

負傷兵として日本へ戻った私は、京都第一陸軍病院に収容され、同日、京都陸軍病院高野川分院に転送された後、同年五月末日、二カ月の帰郷療養の休暇を与えられ、母の待つ故郷に戻りました。

母が喜んだことといったらありません。帰郷療養の間には、木曽の温泉に行って療養したりしながら、ゆっくりと英気を養うことができました。

二カ月は瞬く間に過ぎて、七月三〇日、再び久居の連隊に復帰しました。直ちに京都府管区第二補充隊勤務として敦賀の歩兵第一九連隊に配属。そこで教育訓練を受けながら戦闘の準備をし、本土決戦に備えて部隊の士気を鼓舞する日々を送っていました。

八月十五日。その時、私はその敦賀の連隊にいました。

正午から御詔勅があるので、将校以下全員集まれ、という命令が下り、連隊全員が連隊広場の練兵場に整列しました。

白いテーブルの上にラジオが置いてあります。全員不動の姿勢、将校は抜刀、兵隊は銃を捧げ銃《つつ》して、天皇陛下のお言葉を待ちました。

ラジオの声は雑音で邪魔されて、あまりよく聞こえてきません。時々、「朕《ちん》は……」などと、切れ切れに聞いただけでしたが、何を言わんとしているかは大体分かりました。みんな、聴き終わった時にはすっかり意気消沈していました。

陸軍少尉時代

まさかポツダム宣言を受諾するとは思ってもいなかったのです。本土決戦に備えて訓練もし、武器も蓄えていました。倉庫には、銃や弾薬がいっぱい詰まって温存してありました。敦賀は日本海に面していますから、ロシア軍が侵攻してくることを想定して、敦賀や小浜、高浜の港に陣地も作り、万全を期していたつもりでした。しかし、戦いは遂に終わったのです。

これから、どうすべきか？

将校たちが集まって会議をしました。連隊には私を含め数十名の将校がいました。この期に及んでもなお抵抗すべきか、敗戦を受け入れるべきか……。将校全体の意見としては、どうせ我々は捕虜になれば銃殺されるか裁判だ。だとすれば、やはり最後まで戦うべきだという意見が圧倒的でしたが、一晩考えて翌朝再び話し合うことにし、その晩は一旦、解散しました。

私は、寝台に横になって考えていると、教育召集を受けてから体験したさまざまなことが走馬灯のように頭を駆けめぐりました。

戦争はいろいろな意味で私に影響を与えました。自分が生まれ、青春時代の一時期を過ごしたアメリカを敵に回して戦うことには、人には言えぬ思いもありました。英語は敵国語とされ、学校で教えることさえ禁止された時代。私の英語力は役立つどころか、中傷の対象とされかねないものでもありました。

また一方、戦争という極限状況の中で将校として責任をまっとうしたことは、果敢な実行力や組織統率力を体得するうえで大きく貢献したといえます。日本の軍隊は、肉体的、精神的に私を鍛えるためには、役に立ったと思うのです。

しかし、日本軍のやり方には大いに異議がありました。精神論ばかりを偏重し、本当の戦いの技術論、戦術論はないがしろにされました。何かというと上官の命令だけで押し通そうとしたのは、全くナンセンスです。しかし、今の日本も本質的にはその頃と変わっていないのではないかと思えます。上に立つ者が、自分は偉いんだと指揮だけとって現場を知らない。社長であっても、自分で実際にやってみて、第一線の現場を肌で知った上で指揮をとらなくては机上の空論です。私は、このことを肝に銘じ、あらゆる場面で実践してきました。

私には、汨水の渡河戦闘から百三十三高地以下の戦闘で多くの部下を失ったことが、何より痛恨の極みでした。これが、その後の私の生き方を大きく左右しました。戦後の再出発にあたって、私は社会に奉仕することによってこれら数多くの人々の霊を慰めようと決意したのです。

翌朝の将校会議では、すぐに結論が出ました。

「おい、もうやめようや。馬鹿馬鹿しい。どうせ、こっちはやられたんだから、犬死にしても意味がない……」

そんな意見が大勢を占めたのです。

連隊の廊下に掲げてあった広島の原爆の写真も、影響を与えました。広島、長崎の原爆の写真は、すぐに公にされ、巨大な爆弾の威力についても、すでに詳しいニュースが耳に入っていました。

我が軍のほうの規律の緩みも感じていました。敦賀連隊では、私は中隊付き将校だったのですが、召集兵が多くて彼らの風紀の乱れを日頃から目にしていました。さすがに、臆面もなく兵舎で歩きながら煙草を吸う兵隊を見つけた時には、ぱーん、と殴りつけました。野戦帰りは強いのです。俺たちは命がけで戦ってきたんだ、という誇りがあります。

「何をしとるんだ、ここをどこだと思っとる！」

と、怒鳴りつけましたが、そんな体験からも日本軍全体の疲弊と厭戦《えんせん》気分を感じ取っていました。

すでに、日本は敗れたのです。現状を受け入れなくては仕方がないのです。ぐずぐずしてはいられません。私たち将校には、やらなければならないことが、山ほど待っていたのです。

捕虜に貸し出した拳銃と弾薬

日本軍が連合軍に全面降伏したというニュースはたちまち広がり、市中には戦争が終わった安堵と同時に、敗戦の悲嘆と、これから始まる占領下の悲惨な生活への不安が入り乱れていました。

まず、婦女子の安全問題を敦賀市の当局から聞いてきました。巷には、なにやら恐ろしい噂も流れています。

「とりあえず、山へ身を隠せ」

と軍は指示を出しました。占領軍がやって来たら、どうなるかは誰にも予測がつかないのです。少なくとも山にいれば、何かあった時にも時間稼ぎができます。実際に敦賀の婦女子は一時、山へ避難していました。

次に緊急を要するのは、軍の解体でした。

「武装解除だ。みんな襟章をとって武器は部隊に集め、軍刀も処分して、とにかく家へ帰れ」

と命じられました。当時、敦賀の連隊には約二〇〇〇人の兵がいましたが、将校一一名を残して全員が兵舎を後にするのに二週間もかからなかったと思います。軍隊は何でも、やることが迅速です。急ぐ理由もありました。進駐軍がやって来た時に、日本軍が残っていては衝突が起こる恐れがあったのです。一一名の将校、杉浦大佐連隊長以下副官などには、占領軍に部隊を引き渡す任務が与えられていたのです。

さらに、捕虜の問題が出てきました。

当時、福井県の各地にはアメリカ兵の捕虜収容所があり、敦賀、大野、勝山の各市に三〇〇〇名近くに及ぶ米・豪兵が捕えられていました。彼らは憲兵隊の監督下に置かれていましたが、終戦と同時に釈放を求めて騒ぎ出し、その扱いに困った憲兵隊は敦賀の連隊長に助けを求めてきたのです。

敦賀には東洋紡績の大きな建物があります。そこに日本軍の捕虜収容所があり、当時そこには約一〇〇〇名の捕虜が収容されていました。敦賀市内には立派な憲兵隊の建物があり、営倉もあって憲兵隊長と七、八名の憲兵がいましたが、戦争が終わると同時に全員解散しました。

捕虜の部隊長は、あるアメリカ人の中佐。憲兵隊が姿をくらましたので、中佐は連隊長に要望を出してきました。英語のできる者と交渉させてくれ、というリクエストです。

「高山、お前が交渉にあたってくれ」

連隊長に懇願されて私が日本の憲兵隊の部隊に出向くと、憲兵隊長の使っていた一番立派な部屋が私の部屋として用意されていました。そこで、アメリカ人捕虜の部隊長と交渉です。

捕虜の代表であるH中佐は、穏やかな人格者に見えました。

「一番大事なのは治安です」

彼は冷静に切り出してきました。

「捕虜たちが自由を得たら、これまでの抑圧をはらすためにどのような行動をするかは保証できない。一般民衆に危害を加えるのは避けなければならない」

我々と同じ考え方です。

「そこで、私たちはMPを作ろうと思う。ついては……」

MPとはミリタリーポリス、軍の規律を遵守させ、悪事を働いた兵隊を取り締まる憲兵隊員のことです。

「ついては、旧日本軍の拳銃五〇丁、弾薬五〇〇発を借り受けたい」

これには、私も困りました。

「銃を持っても日本の民衆に危害は加えない。自分の部隊の中の規律に反する者を取り締まるために必要なのだから」

と言われても、おいそれと返事をするわけにはいきません。武器の貸与はデリケートな問題です。私の一存では決められません。私は連隊に戻って、連隊長、副官に報告し、話し合いました。

逡巡する連隊長に対して、貸すべきだ、と私は強く主張しました。彼らの尊厳を守り、正当な権利は認めるべきです。ただし、証文をとることで決着しました。そこで、拳銃五〇丁、弾薬五〇〇発、借り受けるにあたり、「必ず返却する。日本国民に決して危害は加えない」旨の条項を付けた証書を書かせて署名させ、捕虜の部隊長に渡しました。

そうしたことで、その後、捕虜との関係はたいへんスムーズに進み、結果的に何の問題もなく終わりました。適切に捕虜を遇し、協力していくことが、混乱した終戦直後の時期には大事なことでした。

そうこうしているうちに、敦賀の街にも進駐軍がやってきました。無事に捕虜の引き渡しが終わり、私は無事、ひとつの仕事を終えたことに胸をなでおろしました。しかし、すべきことは依然として山積み。軍の解体処理はまだ始まったばかりでした。

火薬で染まった敦賀湾

銃、弾薬、軍服、皮革……本土決戦に向けて温存していた膨大な武器、備品が連隊の倉庫にはいっぱいに詰め込まれていました。各地の飛行場や格納庫には飛行機や大砲も大量に残っていました。敗戦を受け入れて、これらを処分するのは、とても我々数名の将校や下士官だけでできる作業ではありません。一般の日本人を何百人も集め、労務者として作業を進めました。民間人ばかりですから、みんな、思い思いの粗末な作業着です。軍服を着ていたのは、私だけ。ただし階級章は終戦と同時に全てはずしていました。

私は、英語のできる人間を四〇人ほど集めて通訳として各部署に配しました。何しろ、アメリカ人と話が通じなければ事が進みません。福井県には大学や専門学校を出て英語を学んだ者がたくさんいましたので、人を集めるのにはそれほど苦労しませんでした。終戦直後の混乱の中、優秀な人間でも働く場はごく限られていたからです。

私も主に通訳の仕事をしていましたが、正直いって、戦後処理で一番たいへんだったのは書類を作ることでした。連隊の全ての物資のリストから、ロシアの侵攻に備えて敦賀や高浜の港湾に作った陣地の図面まで、あらゆるものを書類にして進駐軍に提出しなくてはなりません。文字通り寝る間もないほど、仕事に追いまくられる毎日でした。

その間にも武器の破壊作業が続いていました。飛行機のエンジン、武器、弾薬など、みんな船に乗せて敦賀湾沖に運んでいきます。沖合に出たところで、船の上から岸に向かって合図をしてきます。

「ここでいいか？」

「よし、いいぞ！」

こちらからも合図を返します。そうやって、爆発させたり海に投棄し、飛行機は、解体されエンジンのみを破壊してから海に沈めました。

進駐軍の兵士たちもその作業に参加して作業命令と作業完成の確認をしていました。しかし、実質的な作業は全てこちら任せで小さなことはほとんど口出しもしてきませんでした。

海に投棄した武器は沈んでも、火薬だけは、海面に浮き上がってきます。黄色い粉が海岸のほうまで流れついてきて、敦賀の海は金色に染まりました。

「こりゃあ、海水浴どころじゃないなあ」

残暑の時期でしたから、そんなことを話しながら作業を進めました。

ところが、いくら破壊しても、次から次へとあちこちの倉庫から武器弾薬が毎日集まってきます。まだ、こんなにも兵器が残っていたということに、改めて驚いていました。全て、廃棄作業が終わるまでには三週間近くを要したものです。

おそらく、今でも敦賀湾の沖には、また、日本全国の基地や軍港の沖合には、当時沈めた飛行機の残骸などが海水に浸食されながらも残っているのでしょう。魚たちがすみかとして、いい漁場にでもなっていてくれれば良いのですが……。

恩給を拒否

終戦以降続いた軍の戦後処理作業は、一九四五年（昭和二〇年）一〇月の末をもって無事、終了しました。

一一月一日の夜、日本国軍人としての最後の役目を果たした我々将校一一名は、別れの会を持つことにしました。場所は、敦賀市内の料亭で、観光ホテルの中にあったと思います。戦後の物資のない時期とはいえ、料亭では、ちゃんと宴席の形を整え酒を用意してくれました。

座敷に入って行くと、すでにほとんどの将校が席に着いていていました。私は終戦を迎えた時少尉の位にあり、連隊の将校の中で、階級は一番下でした。当然、下座の席に座ろうとしたら、杉浦連隊長が飛んできて、床の間の前に場所を作り上座を勧めるのです。

「髙山さん……」

さん付けになっていました。いつの頃からか意識していませんでしたが、その頃までにはなぜか、さんで呼ばれるようになっていました。

「どうか、上座に座ってください。あんたのおかげで我々は無傷で帰れる。進駐軍が来てどうなることかと思っていたが、無事、解隊して、何事もなく全てを済ませることができた。あんたがいなかったらこんなことは不可能だった。我々の気持ちだ。あんたが上座に座ってください」

「いえ、そんな、感謝してもらうことではないですよ。自分の責務を果たしただけですから」

あわてて辞退しましたが、みんなでかつぐようにして連れて行かれ、一番の下級将校が一番の上座に座らされてしまいました。

副官は頭をぺこぺこ下げて、私のところへお酌をしに来ました。

「高山さん、本当に申し訳ない。あなたは本当は中尉に昇進するはずだったんだが、資料が届かないうちに終戦になってしまったので、なれなかったんだ。勘弁してください」

すまなそうに言いながら、深々と頭を下げます。

「もう戦争は終わったんですよ。階級なんかどうでもいいじゃないですか。手を上げてください」

そんなことで始まった宴会でしたが、すぐに座は賑やかになり、全員、大いに痛飲しました。

私もまだ若かったので、みなさんに感謝していただいたことは素直に嬉しかったのですが、ただ、私は見返りを求めて力を尽くしたのではありません。戦争も終わったのだし、今さら軍隊での栄誉など欲しいはずもありません。栄誉どころか、恩給さえも私は断っていました。

私は傷痍《しょうい》軍人ですから、軍の恩給をもらう資格がありました。終戦後、連隊のほうから、恩給の申請書を出すように指示されましたが、こう返答しました。

「国破れて山河在り、というけれど、日本は戦争に負けたんです。私は国家から何ももらうつもりはありません。私は、負けた国家の財政を食《は》んで生きるような人間ではありません。ケガも治り、自分で自分を食べさせることはできるのですから、恩給などいりません。どなたか別の人にあげてください」

戦場で散っていった多くの命を思うと、私には私利私欲を考えることなどとうていできません。

軍人を辞めた後、社会のために何をなすべきか、そんなことを模索しておりました。

第三部　軍政部での戦後処理

三日三晩にわたる説得

連合国による日本占領は、間接統治体制を敷いていました。マッカーサーを最高司令官とする総司令部がトップに位置し、日本国政府の民主化を進めると同時に、各都道府県には米軍軍政部隊が駐留。各地の民主化改革を監視、指導する形でした。

一九四五年（昭和二〇年）の十二月。敦賀にも、進駐軍に替わって軍政部隊がやってきました。第一〇三軍政中隊。翌年には「福井軍政部」と改称されますが、この部隊のトップである軍政官がハイランド中佐でした。

捕虜収容所の騒動や武器処理時の通訳として進駐軍に関わっていた私は、ハイランド中佐から軍政部で働くよう要請を受けました。さあ困りました。実は伊藤忠からも再三、戻ってくるようにとの声がかかっていたのです。小菅宇一郎社長ご自身から、「髙山君、君のような人間こそが戦後の伊藤忠には必要だ。君の出る幕が来たんだ」と熱心に要請されていました。

迷う私を、ハイランド中佐も説得にかかりました。

「どうか日本の、福井県のために軍政部で働いてほしい。我々は日本人をとっちめるために来たわけではないんだ。日本軍とは戦争したが、日本の民衆と戦ったつもりはない。米軍は日本の復興を助けたいんだ。君のことも、何があっても私が全力で守るから。頼む、力を貸してくれ」

「守るって、私は自分の国にいるのですから別に守ってもらう必要はありません。とにかく、もう少し考えさせてください」

ハイランド中佐が「守る」と言った意味は後に分かるのですが、何にしろ、その時の私は軍政部で働くことに躊躇する気持ちがあって、しばらく考える時間が欲しかったのです。

しかし、ハイランド中佐はあらゆる面で桁外れな人でした。アイルランド系米国人で、決して諦めない頑固なアイリッシュ魂を持っています。私がイエスと答えるまでは、どこまでも説得を続けようとしました。

もしも一旦、軍政部で働くことを決めたら三、四年は辞めることができないだろう。すでに三〇歳に手が届こうとしている身では、その後、民間企業に入ってもめざましい昇進は望めない。伊藤忠からの誘いを受けるなら今しかありません。故郷には母も待っています。

しかし、空襲で甚大な被害を被り、復興に苦しむ敦賀、福井の現状を考えると、そんな私的なことなどどうでもいいようにも思えてきます。

敦賀は日本海側の街として最初に空襲を受けました。米軍の本土空襲は終戦の二カ月ほど前から地方都市に照準を移していましたが、当時人口三万人余の敦賀市はその中でも最も小規模な街。朝鮮との間の三大定期連絡港であり、関門海峡の機雷封鎖によって日本海航路の重要性が高まったことで、小規模ながらも重要な都市として標的に選ばれたのです。七、八月の空襲では敦賀市と福井市合わせて一〇万人以上が罹災、約二万五〇〇〇戸の家屋が焼失し、死者も一五〇〇人以上出ていました。

余談ですが、捕虜が収容されていた東洋紡績敦賀工場は、米軍から化学工場とみなされて八月八日に空襲の標的にされていますが、それは原子爆弾投下の模擬訓練として、昼間に目視で投下されたということが、後に米軍の記録で分かっています。

私のような野戦帰りの兵士は自分の損得を考えなくなります。生きるか死ぬかの経験をした者は、人生において何が大切かをある程度知るものです。ハイランド中佐の説得を受けながら考えていくうちに、軍政部の仕事を通して日本の、福井県の復興に尽くすことこそ、我が使命であるという気持ちがふつふつと湧いてきました。

そして、とうとうハイランド中佐にＯＫの返事を出したのが、それがなんと中佐が説得を始めて四日目のこと。結局、三日三晩もぶっ通しで説得を受けていたのです。

説得したハイランド中佐も、された私も若かったのでしょう。

果たされた「守る」という約束

福井軍政部は当初、敦賀に置かれていましたが、後に本部を福井市に移し、敦賀市、武生、小浜などに分遣隊を配していました。軍政部はハイランド中佐をトップとし、その下に副官、経済、労働、法政、公衆衛生、福祉、民間情報、教育、医療などの課が配置されていました。各課の長は将校で、全部でおよそ三〇名前後のアメリカ軍人・軍属が所属、それ以外は日本人が相当数働いていました。日本人勤務者は、ほとんどが先の兵器投棄の時に働いてもらった民間人の中から、選りすぐりの人間を登用したものでした。

それでも、中には魔がさし、悪いことをする人間も出てきます。日本人のひとりが業者から賄賂を得ていたことが発覚したことがありました。そういう風潮が部の中に少しでも入ってきたならば、社会復興などという事業も成功がおぼつかなくなります。箱の中に腐ったリンゴがあれば、他のリンゴも腐っていくのです。

「なんで、そんなことをしたんや！」

仲間ではありましたが、許すわけにはいきません。私は、すぐに彼を辞めさせて、ハイランド中佐に独断で辞めさせたことを詫びつつ報告しました。すると、中佐も、

「それでいいんだ、よくやった。君の判断は正しい」

と認めてくれました。

私はハイランド中佐付きの秘書兼、通訳兼、雑用係兼……というように兼の字がいくつも付く多数の役目を果たし、まるで影武者のようにハイランド中佐に付き添い、行動をともにしていました。それが、米将校たちの嫉妬やねたみを買うことになりました。

1947年頃、福井軍政部にて。
前列左より２人目が筆者、中央がハイランド夫妻

ハイランド中佐は私に何でも相談し、命令も私を通じて部下に伝えさせるのが常でした。それが、米軍将校たちには面白くないのです。私は、もちろん大事なこと全てを中佐に報告していたため、煙たがられてもいたのでしょう。日本人で労働組合を作り、運動の組合長をやっていたことでみんなの相談を受けることが多く、一目置かれていたことも彼らの反感を買ったのかもしれません。

誰が注進したのか、ワシントンの陸軍省本部からひとりの大佐が取り調べにやって来ました。「何でも、タカヤマという者が福井の軍政部で米軍をないがしろにしているようではないか」と言うのです。

私が、そんなことをするはずもありません。伊藤忠の他、いくつかの会社の誘いを蹴って、社会のために尽くそうと働いているのに。後で知ったところですが、その大佐は私のことを、進駐軍を私欲のために利用したかどで戦犯として連行するつもりだったようです。

その時、助けてくれたのがハイランド中佐でした。ベストを尽くして、私が戦犯などではないことをワシントンからの大佐に納得させ、連行を阻止してくれたのです。出る杭は打たれる。軍政部でトップの人間に付き添って働いていると、こういうこともあるのだと中佐は見越していたのでしょう。「お前のことは、私が全力を尽くして守る」という最初のハイランド中佐の約束が、図らずもこんな形で果たされる結果となったのです。

ジープに揺られて眠るヤツ

軍政部は、福井県内でさまざまな民主的改革の遂行を手助けしました。農地改革、婦人参政権や首長公選制の実施、労働組合の強化などなど。また、新聞やラジオ、街頭宣伝や巡回映写会などで民主主義の浸透を図り、制度の定着に助力しました。そのため、ハイランド中佐に付き添って、私も学校、企業、病院、行政機関などを精力的に視察し、民主主義思想の啓蒙活動を行ないましたが、改革はあくまでも県民の自発性にゆだね、それを支援するというのが中佐のモットーでした。

職務以外の場面でも、困っている日本人がたくさん私のところへ援助を求めてやってきました。おかげで多くの人と知り合い、ふれ合う機会を得ました。できるだけのことをしたつもりです。しかし、いっさい見返りを求めたことはありません。人を助けるのが私の使命だ、と考えていたからです。

軍政部の兵士の悪事も戒めました。米兵にも、いい人間もいれば悪いヤツもいます。兵士は気が立っていますから、土足で日本家屋に上がって行って、女性に悪事を働こうなどという輩《やから》もいました。

助けを求められて止めに入り、酔った米兵に、

「婦女子に乱暴はもってのほか。日本の家屋は靴をはいたまま上がるものではない！」

としかりつけたこともあります。

芸妓《げいこ》さんに「英語を教えてほしい」と頼まれて教えてあげたこともあります。ただ、これは失敗。「先生」になってしまっては、良からぬこともできません。まだ三〇歳と若かったけれども、私の周囲は相変わらず女っ気なしでした。

ハイランド中佐にはまだローティーンの娘さんがいました。名前はミッキー・アン。軍のパーティーに行きたいとパパにせがんできます。中佐も人の親、「どうしたものかなぁ」と、悩んでいるよう。

「そういうところに行きたい年頃ですからねえ」

などと相づちを打っていると、

「そうだ、タカヤマ、ミッキーと一緒に行ってくれないか？　お前が付いててくれたらどこで

1947年、福井県庁での新憲法施行記念式典

も安心だ」

そう頼まれて、お嬢さんのボディーガードをしたことも、楽しい思い出です。

ある午後のこと。私はハイランド中佐と一緒にジープに乗っていました。ガタガタと揺れるジープの振動はお世辞にも快適とはいえないのですが、私は睡魔に襲われてつい、居眠りをしてしまいました。何しろ、仕事はいくらやってもきりがないほどたくさんあるのです。毎日、夜遅くまでこき使われて慢性的睡眠不足。振動など何するものかは、むしろ快適な子守唄で、私は高いびきで眠りこけてしまったのです。

しばらくして、目覚めた私を見ながら、ハイランド中佐はつくづく、

「タカヤマ、真っ昼間からジープに揺られてグ

同。左より小幡県知事、筆者、ハイランド中佐

ーグー眠るヤツなんて、俺は初めて見たぞ。お前は悪いことだけはしてないな。悪いことしてたら、それだけ天真爛漫に眠れるはずがないからな」

と言って感心するのです。

「お前はきっと死んだら天国に行くだろう」と言われて、恥ずかしいながらも嬉しかったものです。

しかし、ハイランド中佐こそ、死後、天国に行くにふさわしい人物でした。中佐が在任したことは福井県民にとって実に幸いなことだったと思います。中佐は高潔にして英知に溢れる人で、何より、骨身を惜しまず福井県復興のために働いてくれました。

一九四六年（昭和二一年）の一月、総司令部

から公職追放令が発せられました。軍人、大政翼賛会の政治指導者、軍国主義者などを公職から追放せよと命じたもので、全国で二一万人もの人々が罷免されました。当時、福井県知事であった小幡治和氏と福井市長・熊谷太三郎氏も、大政翼賛会に協力したというので追放されるところでしたが、ハイランド中佐はこれを否とし、GHQに書面をもって追放免除を申請され受理されました。そのことが後の福井地震の時に生きてくるのです。

福井大地震

一九四八年（昭和二三年）六月二八日、プレイボールは午後三時半。

私たち軍政部に働く日本人は、福井小学校のグラウンドで野球の試合をしていました。親睦のために部内にふたつのチームを作って、時折、草野球を楽しんでいたのです。私はプレーしないで監督のような役目。身体を動かさなくても青空の下、広々としたグラウンドで時間を過ごすのは、私にとってもストレス発散に役立っていました。

当時はサマータイムを実施していたので、現在の日本の時間とは一時間ずれて二時半から試

軍政部の同僚と海水浴。中央サングラスが筆者

合がスタートした計算になりますが、それでも延々、夕方近くまで試合に興じていました。

五時頃（サマータイム）、突然、ゴーッという地鳴りがしました。そんな音を聞くのは初めてでしたから、みんな驚いて、なんだろう?と顔を見合わせたところに、ズズーン!と、激震がきました。立っていられないほどのものすごい震動。それが福井・坂井平野全域を揺るがした「福井大地震」でした。

最初の烈震の後で私は全員を集め、家族のある者はそれぞれ自分たちの家を守るため帰宅させ、残りは独身者ばかりでしたので、それぞれ軍隊式に区分けして軍政部の家族の方たちの救助に向かわせました。

私自身はとるものもとりあえず、ハイランド中佐の家に駆けつけました。道すがらに見えた福井の街は、地震で建物が崩壊し、変わり果てた痛ましい姿をしていました。いたるところに瓦礫が散乱し、福井駅前通りの大和《だいわ》デパートなど大きな建物も、傾いて今にも崩れ落ちそうでした。

ハイランド中佐は、酒井ビルの三階ロビーの自宅前で呆然として立っていました。さしもの中佐もあまりのことに何をしていいか分からなかったのです。

三階の窓から、動揺した中佐の料理人が飛び降りるのが見えました。ポーンと飛び出して、地面に打ち付けられ動かなくなりました。時折揺れの続く中、錯乱状態になる者も少なくなかったようです。

「すぐに逃げた方がいいですよ。火事が出る恐れがあります。さぁ、早く」

中佐と奥さんとミッキー・アンとヨウ子さん（メイドさん）を連れて安全な場所へ逃れようとした矢先、ミッキーが突然、彼女の愛猫がいないと騒ぎ出しましたのでこれはいけないとヨウ子さんに頼んで三階の瓦礫の中に隠れていた猫を見つけだしてもらい、とにかく一緒に安全な場所へと避難させました。

私とハイランド中佐はすぐにとって返しました。不測の事態に備えて銃を携帯し、街を見回り、怪我人の救助などにあたりました。瓦礫にはさまれた人を引っぱり出したり、壁を壊して、中に閉じ込められた人を助けたり。そんな作業をしている途中で、一、二カ所、ぽっぽっと火の手が上がるのが見えました。

ああ、ダメだ、この街は丸焼けになる！

不幸な予想は当たり、福井の街はその夜、大火に覆われてしまうのです。福井市だけでなく、丸岡、金津、鯖江など近隣の町でも火災が発生して被害は拡大。最終的には倒壊、焼失した家屋が四万六〇〇〇戸、死者、行方不明者の数は四〇〇〇人前後に達しました。倒壊した家屋のあまりの多さに、気象庁が新たに震度七（激震）という地震階級を設定したほどの、過去に例を見ない大地震、大被害だったのです。

戦災から立ち直ろうとしている矢先に、こんなことになるなんて……。嘆いていても仕方はありません。ハイランド中佐は、非常に迅速に救助、復旧作業の指揮をとりました。

すぐに福井県庁の構内に黒い大きなテントをいくつも張って、軍政部の本部を設置。重傷者を救助、運搬し、飲み水を確保し、伝染病の予防対策を施すなど、あらゆる手だてを講じました。その時の軍政部の活躍は福井県史にも克明に記され、いまだに語り継がれています。

私ども、日本人スタッフも一週間ほど県庁構内の本部で寝起きし、復旧作業に当たりました。幕舎では風呂にも入れなかったので、市外を流れる九頭竜《くずりゅう》川まで行って水浴びをして身体を洗ったものです。

九頭竜川にかかる橋はことごとく落ち、北陸線の線路が通る鉄橋は断末魔の竜のように折れ曲がり、川の中に垂れ下がる無惨な姿をさらして激震のすさまじさを物語っていました。

川向こうの坂井郡でも被害は甚大でした。福井市内では、橋が落ちたため、後に全国から福井市に集まった救援物資を届けるのに、川の上流の橋まで遠回りをしなくてはならない状態でした。福井平野のいたるところで地割れや亀裂が生じ、農作業中の女性が地割れに落ちてはさまれ、地震の直後、地割れが閉じたために亡くなったなどという痛ましい例も報告されています。

今、福井に行ってみると、立派な建物が建ち並ぶ大都会になっていて、あの時、瓦礫に埋もれていた同じ場所だとは信じられないくらいに発展しています。空襲と震災、ふたつの災害を経てここまで見事に立ち直った福井は、本当に立派だと思います。

さて、震災時のハイランド中佐の仕事ぶりは鬼気迫る勢いで、私は一緒に働いていて感動すら覚えるほどでした。救援物資ひとつ配送するにも書類が必要ですから、事務処理はいくらやっても終わりません。暑い時期、風呂にも入れない環境にあって上半身裸になり、本部のテントの中で働きづめ、仕事、仕事、仕事。本当にいつ眠っているのかといぶかるほどです。木製の机をテントの中に運び込み、その前に星条旗を立てただけの仮設軍政官執務室。ふたつ並べた大きな木の机について一心に事務をとる中佐の姿が、今でも目に浮かびます。

当時ハイランド中佐はまだ五〇歳代。働き盛りで頑張りが利いたこともあると思いますが、心底、「骨身を削る」とはこういうことなのか、と深く感じ入りました。実に偉大な方だったと思います。

ハイランド中佐が県知事、市長の追放を免除させていたことがこの震災にあたって吉と出ました。戦時中、地方政治に携わっていた人にも、いい人間もいれば悪い人間もいました。それを、よく調べもしないで一様に追放するというのは馬鹿げていました。県民、市民に役立つ人間は残すべきです。ハイランド中佐は、それを実行したのです。

県や市のことを知り尽くした経験豊かな長が、地震の時に非常に適切な働きをしたことも、福井の復興には大きく役立ちました。あの時、追放されたままだったら、誰が後任を務めていたかは分かりませんが、経験浅い知事、市長ではこうはいかなかったかもしれません。中佐の英知が福井を救ったと私は確信しています。

しかし、皮肉にも、この地震がハイランド中佐の失脚の原因を作ってしまうのです。

ハイランド中佐更迭

その時、私はいつものようにハイランド中佐のそばで仕事をしていました。中佐の電話は、いつになく長引いていました。中佐の言葉遣い、雰囲気などから、電話の相手が上官であることが伝わります。

そばにいる私には、耳をそばだてなくとも会話の内容が自然と入ってきます。聞くともなしに聞いていると、徐々に中佐の声のトーンが変わってきました。

「ですから五〇〇〇人です。いえ、五〇〇人ではありません。私が確かめました。はい。何度も申し上げている通り概算で五〇〇〇人です。間違いありません」

五〇〇〇人と聞いてすぐに分かりました。福井地震で亡くなった人の数です。ハイランド中佐は、地震の犠牲者の数をおよそ五〇〇〇人と本部に報告しました。ところが、本部からその数字について確認の問い合わせがきていて、五〇〇〇人ではなく五〇〇人の間違いではないかと言うのです。

行方不明者も多数出ていたこともあり、死者の数についてはその時、まだ正確な数字は出ていませんでした。しかし、いくら少なく見積もっても五〇〇人などということはありません。どこから、そんなデマが本部に届いたかは今もって不明です。

電話の相手は、少将閣下のようでした。数字自体の問題もさることながら、言った、言わないの水掛け論になってしまっているようです。

「ファイブサウザンドだ」

「いや、ファイブハンドレッドと言った」

アイリッシュ魂の持ち主、ハイランド中佐は頑固です。たとえ相手が偉い少将閣下といえども、自分が正しいと思うことでは絶対に引きません。とうとう電話ごしのケンカになってしまいました。

私は横で聞いていて、ハラハラしていました。「もう一度よく調べて後で改めてお電話します」とか何とか言ってその場は切ってしまえば良かったのに。私がそう思っても後の祭りです。

後に分かったことですが、それは単に数字を間違えたというようなことではありませんでした。死者や負傷者の数によって、本部から送る救援物資などの量も異なります。ハイランド中佐は、地震の被害を水増し申請して軍政部ぐるみで余禄の着服をくわだてているのではないか、と嫌疑をかけられていたらしいのです。それでは、ハイランド中佐が怒るのも無理はありません。

後の調査で、福井地震での死者、行方不明者は三八〇〇人余りと分かりました。五〇〇〇人には足りなかったものの、まだ混乱している時期ではある程度の誤差は仕方がありません。少なくとも五〇〇人よりはずっと近い数字です。結果的にハイランド中佐のほうが正しかったことは証明されましたが、その時、少将閣下と口論をしたことが遠因となって、数カ月後、ハイランド中佐は横浜の第八軍司令部勤務に転勤させられました。一九四八年の一〇月、地震後、四カ月もたっていませんでした。

後任の軍政官にはマグレインという中佐が就任。二カ月後にはまた替わってディビス中佐が軍政官の地位に就きました。二人の新しいトップと仕事を続けましたが、ハイランド中佐ほどの人物は、そうそういるはずもありません。そうこうしているうちに軍政部そのものの役割も終わりに近づいてきました。

一九四九年（昭和二四年）十二月。大方の役割を終えた軍政部は福井から引き揚げます。それに先立ち、私は軍政部を去ることにしました。新たな出発を目指す三三歳の秋のことでした。

札束積まれて「代議士に」

軍政部を退いた後、私は新たな出発を図り、福井で友人たちと「高山貿易」という繊維関係の商社を起こしました。

ある日、地元でよく知られ、私もよく知った方が訪ねて来られました。繊維か何かで儲けた大金持ちということでした。何事かと思って用件を聞いてみると、「代議士にならないか」という話でした。特定の政党の人間ではありません。使い切れないほどのお金を持っていたのか、彼は自分がスポンサーになって、軍政部で地元に名を売った私に代議士をやらせてみたいと思ったようです。

百円札を山と積んで、これで選挙に出てくれないか、と言うのです。キャッシュの山は、ざっと目算しても数百万円になることが分かりました。その他に絹の反物もいくつもありました。

「申し訳ありませんが、私は政治には全く興味がありません」

私は、きっぱりとお断りしました。お札の山にチラとも心が動かなかったと自信を持って断言できます。

「確かに、私は終戦後、福井の復興のために全身全霊を傾けました。しかし、それは私の個人的な精神的理由によるものです。自らの権力や名誉を追うつもりは毛頭ありません」

戦争は終わっていましたが、私はいい意味での「ヤマトダマシイ」は持ち続けていたいと思っていました。福井の復興のために尽くしたのは、ある意味で軍人としての責任感が私を動かしていた部分がありました。

日本は確かに軍事面ではアメリカに負けたけれども、日本人の精神の純粋さ、人柄の誠実さでは、決して欧米人にひけはとらない……その事実を私は、証明してみせたかったのです。

私がガンとして断ると、彼は非常にがっかりした様子でした。

「個人的に友達になることは、かまいません。ただ、お金でつながるような関係はやめましょう」

私は、金で左右されたくない。金の奴隷にはなりたくないのです。

大金持ちといえば、福井には加藤尚という人物がいました。加藤氏は、戦後の混乱期に落下傘の布を売りさばいて巨富を築いた人です。私は加藤氏とは家族ぐるみのお付き合いをさせてもらっていましたが、加藤氏は軍政部時代の恩義を感じたのでしょうか、当時のお金で一〇万円を私のところへ持ってきました。

「あんたには、いろいろ世話になったから、これを受け取ってくれ」

「こんなものはいらないよ」

ここでも軍人としての責任感で軍政部務めを果たしてきたことを説明しました。それでも、押し返しても押し返しても、氏は強引にそのお金を置いていきました。

ところが数カ月後、彼は脱税で捕まってしまったのです。数週間の拘置で出てきたものの、氏は金銭的には丸裸になっていました。そこで、私はすぐに手付かずで置いてあったあの一〇万円を持って彼の家へ行きました。

「これ、あの時、加藤さんから預かったお金です。今度こそ、返させてください」

そう言って、そっくり手付かずの一〇万円を渡してきました。今度は私が押し返されても押し返されても、強引にそのお金を置いてきました。それでやっとすっきりしたものです。

高山貿易は共同事業だったため経営がまとまらず、ほどなく解散しました。それが昭和二五年の春です。

私は故郷の三重へは戻らず、単身、上京しました。

その頃、くだんの加藤氏が東京で「加藤ビル」という会社を経営していて、その再建を頼まれたのです。加藤ビルの専務として采配をふるう一方で、親戚の小笹徳蔵が副社長をしていた関係で清水建設の顧問も務め、進駐軍との橋渡しをしたりもしました。

清水建設と組んで、加藤ビルの再建も順調に進み、本社ビルの改築も終わりました。日本橋の一等地、白木屋のそばに、その時建てた加藤ビル本社もさらに改造されて高層ビルとなり、加藤ビルとして今も頑張っております。

ひと仕事終えて、私は新たな道を進みたいと考えました。自分で事業を起こしたい気持ちが強かったのです。

加藤氏からは「退職金代わりに何でも好きなものをあげよう。土地でも金でも、何でもほしいものを言ってくれ」と申し出られましたが、私は何も必要ないと、一銭も受け取りませんでした。

いわれのない金は、誰からもびた一文受け取らない、それが私の信念です。人間としてのプライドを守るためです。人は金を追い求めると卑しくなる。人間、卑しくなってはお仕舞いだと思うのです。

第四部　貿易会社設立

一五年ぶりのアメリカ

ロスアンゼルスの日差しは相変わらず刺すように鋭く、それでも、沖合を流れる冷たいアラスカ海流のためか、意外に冷たい風がすーっと肌をなでていきます。

「ああ、帰ってきたんだ……」

ロスの街に着いて、しみじみとそう感じました。

一九五一年（昭和二六年）の夏。三五歳の時に私は、再びアメリカに渡りました。両親と一緒にこの地を離れて、日本に向かう太平洋航路の船に乗ってからすでに一五年もの月日が流れていました。長い間離れていても自分が生まれて青春時代を過ごした土地となると、そこには特別の思いがあります。やっと帰ってきた、というのが、正直なその時の私の気持ちでした。

土地が広いためか平屋建ての多いロスの住宅地の風景は、昔とさほど変わっているようにも思えません。道路沿いのパームツリーも懐かしく、車窓からの風景さえも私の帰還を歓迎してくれているように見えます。一五年の歳月を飛び越えて、まるで一九歳の頃の自分に戻ったかのように胸が躍り、若々しい新たな気力が湧き上がってくるのを感じていました。

アメリカに来たからといって、とくに仕事のあてはありません。ロスアンゼルスには姉が住んでいたので、まずそこに身を寄せようと考えていました。

一五年前、私たち家族が日本に引き揚げる少し前に、姉はこちらで結婚していました。姉夫婦の家に遊びに行っては、冷蔵庫をからっぽにしたことなど懐かしい思い出が蘇ります。

しかし、思い出に浸ってばかりはいられません。当時、私と同年代の日本の友人たちはすでに各企業で課長クラスに昇進し、それぞれの分野で活躍していました。あいつらには負けるものかという気概はありましたが、実際には、私はまだスタートラインに立ってさえいない状態でした。

私は、その時その時に精一杯力を尽くして生きてきましたが、まだ、自分で自分の好きな道を歩み、運命を切り開くまでには至っていませんでした。

父母の期待や、会社や国や軍の要請、さまざまな歴史の彩や時代のうねりに阻まれて、私はなかなか自分で自分が決めた道を進めずにきました。しかし、今回は違います。私は、自分の意志で、自分の夢を持ってこの地に立っているのです。まだ、財産など何も持っていない身でも、私は希望に溢れていました。

アメリカに渡ってきた主な目的はふたつ。ひとつは、失われた米国籍を取り戻すこと。もうひとつは、何か自分で事業を始め、一旗あげることでした。経済的な目処をつけて三重にいる母を呼びよせ、再び、この雄大な民主主義の国で家族とともに暮らすのだ。私は、そういう人生設計を立てていたのです。

私のアメリカ国籍は、日本軍に所属した時点ですでに失われている……。私は、そう思い込んでいたのですが、それは私の勘違いだと分かりました。東京で働く合間に、アメリカ総領事館を訪ねて聞いてみたところ、私がアメリカ国籍をまだ有することには、相当の根拠があると教えてもらえたのです。その根拠とは一九四〇年に制定された米国の移民法三一七条のCという条項。アメリカで生まれた人間の市民権得失に関する条項で、市民権の失効には、市民権を放棄するという書類に自発的にサインしなくてはならない。そうしない限り、アメリカの市民権は消失しないという規定です。

たとえ、何年日本に住んでいたとしても、日本に住んでいた状況から軍に徴兵されアメリカを相手に戦っていたとしても、何ら、国籍の得失には関係ない。したがって、私は依然としてアメリカ国籍を有する正当な権利を持っていたのです。

この条項は現在でも有効ですが案外知られていないので、例えば米国に駐在していた時に生まれた日本人夫婦の子どもが日本に帰国した後、一〇年以上たってアメリカ留学し、まだ自分が米国籍を持っていたことに気づいて驚く、などという例も珍しくないようです。

ロスアンゼルスに着いて、早速、私は移民局に交渉に行きました。

「私は、移民法の三一七条のCにより、アメリカ市民権を有する権利があるはずだ。すぐに、国籍を復活させてほしい」

そう頼むと、私の経歴を調べたロスの移民局からはこういう回答が来ました。

「復活は可能だが、ついては条件がある。二年間でいいから、米軍に所属してアメリカ人に日本語を教えてくれないか」

モントレーにある陸軍の語学学校で、米軍の兵士たちに日本語を教授してくれというのです。さらに、陸軍大尉としての待遇も与える、との条件までついていました。当局としては、好条件を提示したつもりかもしれませんが、私にとっては考えるに値しない提案でした。

「もう、軍隊は勘弁してくれよ！」

私は、日本軍で四年、米軍のために四年、合計八年間も軍隊で拘束されてきました。もう規律ずくめの軍隊はたくさん、自由が欲しい、という気持ちでした。

今こそ、自分の貴重なエネルギーを自由な世界において、何ものにも束縛されない自由な意志で、思う存分試してみよう。そう考えていた私は、この申し出をきっぱりと拒絶してニューヨークへと旅立つことを決意しました。そこから、ワシントンの移民局本部と直接交渉しようと考えたのです。

ロスアンゼルスを離れるのには、もうひとつ訳がありました。それは、この街のしがらみから抜け出すためです。ロスには、亡くなった父親と同じ世代の日本人移民たちがまだ大勢住んでいて、その家族等も一緒にロスアンゼルス日本人会を形成していました。父もその会に所属していたこともありましたし、私がハイスクール時代に寄付を募って学校に日本庭園を造ったことを覚えている人もいました。

それで、日本人会では、私が会をさらに盛り立て、活性化に役立ってくれるものと期待をしていたのです。そうしてほしいと頭を下げる人も少なからずいました。

ありがたい要請でしたが、私にはそういう気持ちはありません。せっかくアメリカに戻ってきたのに、日本人ばかりで集まっている集団に属していては意味がない。もっと広い世界に出て、アメリカの社会で成功してやろう。そんな思いが強くて、ニューヨークへと拠点を移すことにしたのです。

ハイランド氏に再会

ロスからニューヨークへは、グレイハウンドバスを使って移動しました。グレイハウンドバスは大陸を縦横無尽に走る長距離大型バス。車体に灰色の猟犬が軽快に走るマークがついた、アメリカ庶民にはお馴染みの乗り物です。ニューヨークへ直接行くのなら他の交通手段も考えましたが、私は途中、アリゾナのツーソンへ寄るつもりだったので、便数が多く、案外小さな街にも停留所のあるグレイハウンドバスが便利だったのです。

ツーソンはアリゾナの砂漠の中にあるのんびりとした田舎町。そこに退役したハイランド中佐、いえ、退役時に昇進したので大佐と呼ぶべきですが、そのハイランド氏が住んでいました。

彼は持病のリュウマチを患っていたため、寒い土地、湿気の高い土地には住めません。冬も暖かく夏もドライな砂漠の街は、彼が退役後悠々自適で過ごすには最適の場所でした。

まるで西部劇の世界に入り込んだような砂漠の風景が、大型バスの外に延々と広がっていきます。実際、この街の郊外で多数のウエスタン映画が撮影されたということです。黄色い乾燥した砂地に、ニョキニョキとそそり立つサボテン。どこからか馬に乗ったカウボーイが幌馬車とともに今にも駆けてきそうな風景です。

ハイランド氏のお宅に着いてみて驚いたのは、きれいな日本間が作ってあったことでした。八畳の畳敷き。ふすまらしきものもあります。ハイランド氏から、アメリカの自宅に日本の部屋を作りたいと聞いていて「畳を送ってあげましょうか」「大丈夫だよ、こちらで買うから」というやりとりはあったのですが、こんなに立派な日本間ができているとは想像もしていませんでした。

もっとも、ハイランド氏の日本びいきは軍政部で一緒に働いていた頃から知っていました。日本人以上に純日本的なものを愛していたような人でした。

砂漠の中に作ったこの部屋に、彼が日本で暮らしていた時代への思いがぎゅっと凝縮して詰まっているようで、何だか嬉しくなったのを覚えています。さまざまなことがありましたが、福井で過ごした三年間は、彼にとっても忘れがたい時間だったのでしょう。

まだ数年前のことなのに、とても懐かしくふたりで当時の思い出を語り明かしたものです。

この時、ハイランド氏のお宅には一週間お世話になりましたが、それ以後も親交は続きました。すっかり大人の女性になったミッキー・アンは、その後コリンズ氏と結婚しミセス・コリンズとなりましたが、今は離婚されて独身になりました。ハイランド大佐が退役されるまで住んでおられたコロラド州スプリングフィールドの米空軍基地の近くに住み、数匹の猫を飼いながら仕事をしておられます。その時の思い出ですが、奥さんのアンさんから「タカヤマ、一度映画に行かない？　今、面白い映画が来ているから一緒に見に行こう」と誘われたのです。ハイランド氏と三人で当時流行っていた『シンギング・イン・ザ・レイン（邦題『雨に唄えば』）』を見ました。当時の名優ジーン・ケリーが唄とダンスで観客を魅了した楽しい一夜が私の頭から離れません。

ハイランド氏亡き後も、ミッキー・アンと手紙のやりとりなどの交友は、今に至ってもずっと続けています。

昭和四八年頃ですが、私はハイランドご夫妻を我が家にお招きし、約二週間日本に滞在していただき、東京や福井をご案内しました。また、私の長男の一郎は、中学一年生の時にアリゾナ州のハイランド大佐の家に約六カ月間、お世話になりました。アメリカ軍人の家庭教育を体験し、近所の中学生のボーイスカウトの訓練にも参加させていただきました。ハイランド一家とは、親戚以上のお付き合いを続けさせていただいたのです。

さて、ツーソンのハイランド邸でリフレッシュした私は、またもや東へ。真の目的地のニューヨークへ向かうため、再びグレイハウンドバスの座席に身を沈めました。

総領事館にアポなし売り込み

ニューヨークからワシントンへ。移民局の本部に私は国籍の復活を要請しました。

一般的に、そういう法律的な交渉に際しては、弁護士など専門家を頼んで手続きを代行してもらうところでしょう。私は、そういう点でも変わった人間なのかもしれません。いっさい弁護士などには頼まず、全てを自分ひとりで進めようと考えました。

「移民法の三一七条Cによって、私は当然ながらアメリカ市民であるはずだ」と主張して、移民局に独力で交渉に行きました。移民法の三一七条Cというのは、当時（一九四〇年）のアメリカ・国籍法三一七（C）項のことで、次のような内容です。「アメリカ合衆国の市民権を有し、かつ外国籍を保有している市民が、本国籍法四〇一条（C）項の規定に基づきアメリカ合衆国の市民権を喪失した場合、本三一七条（a）項の規定による権利を与えられる。ただし、本三一七条（a）項（2）に含まれるものは除く。かかる外国人は、アメリカ国外に在住している場合、当該外国人の市民権を回復するために、一九一七年及び一九二四年移民法の規定に準拠し、割当制限を受けない移民としてアメリカ合衆国に入国することができる（54 Stat. 1147 ; 8 U. S. C. 717）」（『合衆国法律集第八編七一七条』より著者による訳）。

私には勝算がありました。すでにしっかりと移民法のことを勉強して条文も全て自分の頭にたたき込んでいる。その上で、堂々と正当な理論を展開すれば、このアメリカでは話が通じないはずはない。それが通るのがアメリカの長所だ……その思惑通りに私は弁護士などに頼ることなく、ついに自力で市民権の復活に成功しました。交渉をスタートしてわずか一カ月後のことでした。

やはり、アメリカは私の思った通りの国だ。ここでは、正当な理論が公平に通る。期待にこたえてくれた民主主義の国、アメリカ社会のシステムに、私は明るい未来を予感しました。

さて、念願の国籍復活がなって、晴れてアメリカ市民権を獲得した私は、次の目標に歩を進めることにしました。といってもいきなり事業を始めることはできません。すでに日本から持ち込んだ所持金も、姉がくれたお小遣いも、底をつきかけています。故郷に住んでいる母にも、多少なりとも定期的に送金してやりたいところです。

私は約二週間余りの間、新聞の求人欄、広告欄に全部目を通しましたが思わしい求人情報は見当たりません。身体を使う仕事はあったのですが、今さら肉体労働者になることは考えてもいませんでした。

「仕事は常に最適なものを選べ」というのが私のモットー。お金を儲けるためならどんな仕事にでも就くという気はありませんでした。次のステップ、アメリカで新たな事業を起こすために最も有効な職を探そうと考えました。

そこで、日本の総領事館を訪ねてみることにしました。

在ニューヨーク日本国総領事館（Consulate General of Japan）は、グランドセントラルステーションにほど近いニューヨークの中心地、有名なエンパイヤステートビルの七二階にありました（現在はパークアヴェニュービルの一八階）。

碁盤の目のようにきちんと整備されたマンハッタンの街を歩くと、ワンブロックという言葉通り、一個の煉瓦のような形に区切られたビル群が空高くそびえ立っています。南北にはアベニュー、東西にはストリートが整然と走る道路網にあっては、この大都会に不案内な人間でも、そうそう道に迷う心配はありません。

さっそく入って行って日本人の職員に対して経歴書を見せ、私はこう切り出しました。

「僕はこういう人間ですが、貴館で使ってもらえないでしょうか」

ダメでもともとの、アポなし突撃求職活動でした。今の時代ではとても考えられない、乱暴

な行動です。ところが、私の経歴書を読んでいた総領事館の職員は、見る見る目を輝かせるではありませんか。顔を上げるや否や、

「髙山さん、ちょうど今、あなたのような人を探していたんです！　明日からでも、いや、今日からでもさっそく働いてくれませんか」

悪くて玄関払い、良くてもせいぜい「しばらく考えさせてくれ」だろうと覚悟していた私のほうがあわてました。私は、自分の運の強さを感じました。確かにアメリカ国籍があり、日本語・英語双方が話せ、軍政部で両国の橋渡しをしながら働いた経験があるとはいえ、こうもあっさりオーケーが出るとは考えてもいなかったのです。何の試験もなしで即決で採用してくれるとは。

さらに勤務条件についても、給料ならいくらでも出すと申し出てくれたのです。探していた人材が向こうから飛び込んできた、グズグズしたりサラリーを惜しんだりして他にとられてはたいへん、と考えたようです。

しかし、私はとくにたくさんのお金が必要なわけではありません。自分が食べられて、なおかつ日本に住む母へいくばくかの送金ができれば十分。領事館に勤める普通の職員の給料でいい。規定外の特別な手当など必要ないと言いました。

こうして、私は在ニューヨーク日本国総領事館の現地採用職員として働くことになりました。職が決まれば、次に必要なのは住む場所です。探してみると、忘れもしません、ニューヨークの西七一丁目に日本人が経営するアパートが見つかりました。セントラルパークのそばで、ここがニューヨークのど真ん中かと疑うほどの豊かな緑が間近に存在していました。

このアパートには、たいへん美しい日系の姉妹がいました。美人姉妹だったので、母親も悪い虫がついてはたいへんと気がかりだったのでしょう。できれば将来有望な日本人に嫁いでほしいと考えていたようです。

しばらくそのアパートに住んでいたら、姉妹のうちのどちらかを嫁にもらってほしいと親ごさんから頼まれてしまいました。これには困りました。

ふたりとも相当な別嬪《べっぴん》さんでしたが、当時の私は三十代半ばを過ぎてはいても、とてもまだ結婚は考えられません。これから、独立して事業を始めようという野心を持つ私は、収入面でもいつどういうことになるか分かりません。いずれは、母も日本から呼び寄せようと思っています。そんな不安定な状況下で、結婚などとても承諾できるはずがありませんでした。せっかくですがこういう事情だとお断りしました。

訴え口調の母の手紙

在ニューヨーク日本国総領事館では、ニューヨーク州、ニュージャージー州、ペンシルバニア州など七つの州を管轄し、総領事をトップとして、その下に総務部、経済部、領事部、広報部などのいくつかの部署があります。それぞれに日本から派遣された外交官と現地採用の職員とが配属されていました。私は、その中で領事部と経済部のエコノミック・アシスタントとして勤務しました。そのかたわら、コロンビア大学で学び、ビジネス関係の英語力に注力し、さらに将来の仕事に役立つよう経済関係の勉強も怠りませんでした。

そうやってアメリカでの二年が瞬く間に過ぎた一九五三年（昭和二八年）一月一日のこと。ワシントンの誕生日や独立記念日などアメリカのナショナルホリデーを採用している日本総領事館にあっても、さすがに元旦前後は年末年始休暇でいっせいに休みに入ります。摩天楼ごとカチカチに凍りそうな冬のマンハッタンの街を、寒そうに肩を震わせて行き交う人もまばらなニューイヤーの日に、私は故郷三重に住む母からの手紙を受け取りました。

内容は、

「最近、高血圧で足があまり動かない状態です。とてもアメリカには行けません。アメリカにはもう住む気はないし、いつ倒れるか分からない状態だから、お前も早く戻ってきておくれ」

切々とした訴え口調のものでした。実は、ニューヨークで二年ほど働き、生活も安定してきた私は、そろそろ母を呼び寄せてもいい頃だと考え、年末には「そろそろママもこちらに来て一緒に暮らそう」という手紙を出していたのです。

当時、私は、アメリカに永住するつもりでいました。私の妹たちは横浜と故郷の三重に住んでいましたが、それぞれ結婚して家庭を持つ身ですから、一緒に暮らすわけにはいかない。やはり、母はボクと暮らしたいだろう。アメリカ暮らしの長かった母もこちらに呼び寄せれば喜んでくれる、そう勝手に思い込んでいたのです。しかし、年老いた母にとってはやはり日本のほうが安心だったのでしょう。

人生設計が狂って弱りましたが、母が病気では何とも致し方ありません。ひとり息子の私は日本に帰ろうと決心しました。

日本に戻って母親を看ることの決心はついたものの、そのためには経済的基盤は必要です。事業の目鼻だけはつけておかなくてはアメリカでの二年間がふいになります。

それまで、どんな事業を起こそうか模索していた私ですが、伊藤忠や軍政部時代の経験から、漠然と貿易関係の仕事がいいのではないかと目星をつけていました。私が在ニューヨーク日本総領事館に勤めた昭和二〇年代後半は、戦後、日本経済が徐々に成長をとげ始めた時期です。外国との交易を進める仕事なら日本の役にも立ち、なおかつ自分の生計も十分に立ちそうだと予見し、それには総領事館に勤めていれば日本との貿易を望んでいる企業を探すことがきっとできるはずだ、とも考えて選んだ職場でした。

その狙いは的中しました。当時、米国の企業は先を争って海外市場進出を企て、その進出先は主にヨーロッパ諸国でしたが、アジア、わけても日本への進出を検討していた企業も少なくなく、それらの多くが日本の総領事館に協力と情報を求めてやってきていたのです。私は当初の思惑通り、総領事館で働きながら日本進出を図る会社の情報やニーズを肌で知り、徐々に人脈もできていたのです。

私が日本に戻ることが知れわたり、そのうちの五、六社からオファーを受けるようになりました。そのひとつにクロス社（Close Associates Inc.）がありました。

夢の物質「水晶」について猛勉強

クロス社はブラジルで採掘した水晶の原石を輸入、販売する商社で、かねてから日本へ水晶原石を輸出したいと領事館へ相談に来ていました。

クロス社の代表としてやって来ていたのは、ストリックランドという紳士でした。クロス社のオーナーは別にブラジルにいたのですが、彼はニューヨークのいわゆる子会社を任されている社長。なかなかの人格者で、私は直感的に好感を持ち、交友を深めました。氏の人柄もさることながら、クロス社の扱う水晶という物質には、さらに大きな魅力を感じました。

水晶は、一定方向に沿って圧力がかけられると振動を発生する性質、いわゆる「圧電効果」を有しています。この性質を利用して、電気通信機器に不可欠な材料となると注目されていました。

ここで簡単に水晶とその特性、応用分野についてお話ししておきましょう。

水晶は地球の創生期に長い年月をかけて生長してきたものです。酸素と珪素が高温度にあたった際に地質の変動によって圧力が加えられ、結晶が発育したものと考えられています。したがって、水晶は酸素と珪素とが原子の形で交互に配列している二酸化珪素（SiO_2）の結晶体です。二酸化珪素でできたガラス状の光沢のある結晶、つまり石英（クォーツ）の目に見えるほど大きな結晶体を水晶と呼ぶのです。

一八八〇年（明治一三年）、フランスのジャック・キュリーおよびピエール・キュリー兄弟によって、水晶は圧電現象を起こす特質を持っていることが発見されました。圧電現象というのは、ある物質に圧力をかけると電気を発生する現象です。また、電圧を与えると振動を起こす現象を逆圧電現象といいます。

水晶はこのふたつの特徴を持つ物質、つまり圧電物質であることが発見されたのです。これは何を意味するかというと、水晶を使うと圧電現象によって電気的エネルギーと機械的エネルギーとの相互変換が可能になるとも言い換えることができるでしょう。圧電現象が発見されたことで、水晶はさまざまな分野で研究され応用されるようになりました。

もちろん圧電物質は水晶以外にも、自然界にはいろいろとあります。しかし、水晶は物理的な厚み、面積等の形状によって固有の振動をし、電気的にも、物理的、化学的にも安定した物質である点で際立っています。この水晶の特徴を生かしたのが水晶発振子、水晶フィルター等です。

振動数は周囲温度に大きく依存しますが、15℃±1℃で温度管理された室温環境下では、1×10^{-5}（一〇万分の一）と極めて安定性が高いのです。この数字は、例えば一〇万秒間で一秒の誤差を生じる程度のものです。この性質のために、高い安定度の水晶発振器として利用されています。例えば一〇万分の一の安定度の水晶発振器で時計をつくった場合、一カ月の誤差は一〇〜二〇秒程度という高精度の時計ができることになるのです。

現在のところ、天然または人工的に得られる物質として、水晶以上に安価でしかも安定性に富み、かつ加工性のある物質は地球上には存在しません。

以上のような特徴を持った水晶は、第一次世界大戦中には電子回路と組み合わされて、潜水艦発見装置に利用され、その後、音響測深機、発振回路の制御、測定器、通信機の分野で広範囲に用いられるようになりました。今日では、コンピューター、カラーテレビ、ステレオ、腕時計にまで利用されています。

このように水晶の応用範囲はたいへんに広いものですが、現在では人工的に水晶を生長させる技術も確立し、天然水晶の低品位のものを原料として、また種石を利用して圧熱合成法により良質の人工水晶が育成されるようになっています。

およそ五〇年前にアメリカで初めて水晶と出会った時に私が直感的に感じた将来性、発展性、それは期待を裏切るどころか、当初の予想以上に広く多方面へと発展、応用され、今日に至っていると申せましょう。

当時、米国の電気通信業界の発展は目を見張るものがありました。日本の電気通信業界も、いずれは米国のように発展していくはずだ。これは非常に将来性がある。そう考えて、私は総領事館の職員として日本の電気通信業界の発展のために、水晶原石の日本での販売先などを調べては、クロス社に伝えていたのです。

もともと化学を志向していた私です。水晶の興味深い性質にロマンを感じ、できることなら、自分のビジネスには、この水晶を取り扱ってみたいと考えるようになりました。そこで帰国を決意した私は、ストリックランド氏に相談しました。

「ストリックランドさん、私は日本にいる母が病気なので帰国しようと思っています。私はこれまで総領事館で働きながら、将来自分で貿易会社を起こそうと、いろんな会社を見てきました。その中で、あなたの会社が扱っている水晶が一番面白く、将来性もあると結論を出しました。ついては、日本における水晶の輸入・販売代理店権をいただいて、やってみたいのだが」

とお話ししたところ、ストリックランド氏はたいへん喜んでふたつ返事で了承してくれました。まだ、海の物とも山の物ともつかない、会社の実体さえない状態なのに、私個人を信用して承諾してくれたものと思います。

約束は、まず、日本における水晶発振器の取り引きを私としてくれるということ、そしてその保証として日本であげた利益の二五パーセントを私に与えるというものでした。氏はこの約束を守る証として、大きな手で握手をしてくれました。

それだけではありません。氏は、私に水晶をビジネスにするならば、何も知識がなくては仕事ができない。ある程度水晶のことについてアメリカで学んでから帰国した方がいいのではないか、とアドバイスしてくれたのです。そして、すでにトランジスタの開発に成功していた米国でも有数の通信機製造会社、ウエスタン・エレクトリック社へ紹介の労までとってくれたのです。その後同社は、東京通信工業（現・ソニー）が二万五〇〇〇ドルでトランジスタ製造技術を導入した企業として日本でも知られるようになりました。

ウエスタン・エレクトリック社は、一八六九年（明治二年）にオハイオ州クリーブランドの小さな製造会社からスタートした企業ですが、それがグラハム・ベルの創設した電話会社アメリカン・ベル社の電話会社向け装置の製造担当をするようになり躍進。一九二五年（大正一四年）にはエンジニアリング部門から、かの有名な「ベル研究所」をAT&T社と共同で創設しました。ベル研究所は、現在でも一日あたり四件の特許を生み出すほど生産性の高い研究所です。その当時から優秀な人材が多数集まり、幅広い研究・開発を行なっていました。

ストリックランド氏の口利きによって、そのベル研究所で水晶の加工技術について教えてもらえるというのです。こんなに願ったり叶ったりのことはありません。善は急げ、早速、出かけて行って教えを請うことにしました。

ベル研究所はペンシルバニア州のアレンタウンという街にありました。現在までに一一名のノーベル賞受賞者を出すほどレベルが高い研究所で、研究者の数も多く、中には日本人らしい顔も見えます。聞いてみると、国籍はアメリカとのことですが、日本語はペラペラ。私と同じような境遇だったのかもしれません。

その時、私はまだ水晶について全く門外漢でしたから、工場見学から始まり、水晶をどういう風にカットすればどうなるというような初歩的なこと、さらに、進んでいろいろな加工技術を教えてもらいました。発振子の製造法など専門的な技術まで学ぶのに三カ月を要したのです。

もともと物理、化学は学生時代から好きで得意でしたから、勉強は苦になりません。それどころか、魅力を感じた水晶という物質について、机上の学問のみではなく実践的な技術まで系統的に教えてもらえる。質問をすれば専門家たちから答えが返ってくる。そんな環境で過ごした三カ月は、濃密で刺激的であっという間に終わってしまったというのが実感です。

私はつくづく己の運の強さ、運命の不思議を感じました。ここでＩＴＴ（インターナショナル・テレフォン・テレグラフ）の技師長と友達になるのです。彼のアドバイスで水晶製造に関する十数冊にも及ぶ分厚いプロシーディング（会議録）を買い求めました。これは米国陸軍のシグナルコアが水晶製造技術について周波数に関する技術会議のフリークエンシー・コントロール・シンポジューム（アニュアル・コンヴェンション）で発表された最新技術を編纂したものです。私はこれを毎年日本の主要水晶メーカーの方々に差し上げ、日本の水晶業界の今日の発展に貢献させていただいたように思います。アメリカでは技術のディスクローズ（公表）が原則。当時はパテントもあまり重要視されなかったのです。また、アメリカ陸軍通信隊の研究所を見学させてもらうこともできました。外国人には軍関係の場所に入るには規制がありますが、私はアメリカ国籍を持っていますから、何の問題もなく見学させてもらえたのです。

こうして、水晶についての基礎的技術を学び、日本への船に乗ったのが一九五三年（昭和二八年）春のことでした。

銀座の片隅に「伯東」誕生

「さぁ、これから人生、やり直しだ！」

昭和二八年の五月一日。のどかな春の日差しを浴びながら横浜の港に降りたった時、私は新たな出発に気が高ぶっていました。

しかし、いざ、始めるとなると、何から手をつけていいか分かりません。

「さて、どうしたものか？　困ったなぁ」

ストリックランド氏との契約によって日本までの旅費もクロス社が出してくれました。一等船室の客となって、これまでで一番快適な太平洋横断の二週間を過ごすことができたのですが、しかし、豪華な客船で過ごしたつかの間のバカンス、そしてロマンスも含めてもうお仕舞い。優雅な日々から頭を切り換えて、現実に立ち向かわなければなりません。名残を惜しみながら、海の旅も終わりました。

約束は交わしたものの、はたしてクロス社が本当に水晶の原石を送ってくれるのだろうか。原石が来たらどこの会社に売ろうか、一応、販売先の目星はつけていたものの、それらの会社がどれだけ買ってくれるのか……。不確定な要素ばかりが重なっていました。

しかし、生来の楽天的な性格。まずは考えるより行動です。

「まずどこに会社を構えようか？　どうせやるなら日本の経済の中心・東京だ。しかも東京の、これまたど真ん中、銀座がいいな」

無謀だったのかもしれませんが、何でも一番を目指してきた負けず嫌いの性格がそうさせたのか、私は東京の一等地に事務所を構えたいと単純に思ったのです。そして、私の先輩、小杉益三郎氏のことを思い浮かべました。当時、小杉さんの友人が銀座で小さな事務所を持っていました。ビルの名前は雲鏡《うんきょう》ビル。数ある銀座のビルの中でも、小さくこぢんまりとしたビルです。でも場所は三越の真裏、小さいといえども一等地でした。

彼に頼んでその事務所に机をひとつ借りて、しばらく間借りをさせてもらいました。そして、あまり長く間借りも悪いと、同じビルに小さな部屋が空いたのでそこを借りてすぐに引っ越し、事務所を開設したのです。

借りた部屋は二坪余、約七平方メートル程度。机をふたつ運び込んだら、もう、いっぱいになってしまいます。それでも、一国一城の主。ここが私の人生の本当のスタート地点だ。狭いながらも自分の基地を持てたことで、さらに張り切って仕事を進めました。

まず最初に通産省へ赴き、水晶原石の輸入申請手続きをしなくてはなりません。それから、販売先の開拓です。日中は、水晶原石の見本を持って買ってくれそうな企業、日本電気、富士通信機、日立などをしらみつぶしに回りました。

普通の会社の勤務時間が終わる頃、私は事務所に帰ると、伝票を整理し、クロス社への報告のタイプを打ちました。通産省の輸入手続きも複雑で、予想以上に時間がかかります。当時は簡単にドルが買えない時代ですから、ドルを入手するには、販売先の承認が必要だったし、書類を何通も作成しなければなりません。営業と事務全てをひとりでこなすには無理がありました。どうにも手が回らず、元福井軍政部の職員で、医師の奥さんに仕事を助けてもらったこともしばしばでした。

その一方で、私は会社設立のために奔走しました。設立に際しては資本金五〇〇万円の資金を必要としていました。海の物とも山の物ともつかない事業に対し、資金を提供して株主になってくれる人はおいそれとは見つかりません。

毎晩、仕事を終えてから、つてを求めて親戚、知人、友人、あらゆる心当たりを駆けずり回りましたが、出資していただくのは無理と分かりました。そのため、クロス社のストリックランド氏に依頼したところ快く資金を出していただけることになりました。戦後間もない貧乏な日本での調達だけではほとんど不可能でした。

株式会社として設立登記を完了したのは一九五三年（昭和二八年）、木枯らしの吹き始める一一月のこと。私はすでに三七歳になっていました。

設立した会社の概要は次のようなものでした。

社名＝伯東株式会社
所在地＝東京都中央区銀座四丁目一番地・雲鏡ビル
目的＝以下の商品の輸出入・国内売買業・代理業及び問屋業並びに加工業
鉱鑛産物、農水林産物、鉄並びに非鉄金属製品、各種機械器具工具及びその部品、航空機、船舶、車両、繊維原料並びに製品、化学薬品、肥料、飼料、食料並びに加工品、日用品雑貨
資本金＝五〇〇万円
設立年月日＝昭和二八年一一月七日
代表取締役社長＝高山成雄
取締役＝小杉益三郎、横山誠吉

監査役＝笠島永之助

会社の名前については、少し考えました。やはり、水晶を扱う会社ですから、それにちなんだ名前にしようとあれこれ知恵を巡らしました。

「伯剌西爾」と書いてブラジルと読みます。亜米利加と書いてアメリカ、仏蘭西と書いてフランスなど国名の当て字の漢字はいろいろありますが、クロス社の水晶の原産国はブラジル。伯剌西爾の「伯」と東京の「東」をとってこの社名を考えついたのです。単に、東京とブラジルを結ぶ会社、ということではなく、広く世界を結ぶ商社として成長しようという願いを込めてつけた社名でした。

また「伯」には、グループの長《おさ》、一芸に優れた者、はたがしら、という意味もあります。会社の組織、定款など手続きの全ては弁護士の笠島永之助氏にお願いしました。

しかし、本当に世界を結ぶ活躍ができるまでにはまだまだ、経験しなくてはならない点が多くありました。生まれたての小さな会社の行く手には、さまざまなハードルが待っていたのです。

忘れられない涙のクリスマスイブ

何とか株式会社を設立したら、次に必要なのは社員です。いくら若くて頑張りが利いても身体はひとつ。ひとりでできる仕事には限界があります。一緒に働いてくれる人は非常に重要です。

実は、社員第一号は決まっていました。旧福井軍政部の時の職員であった私の友人、飯田幸之進君。福井高等工業学校（現・福井大学工学部）出身の有能な技術者でした。非常に面白い男で頭も切れたので、私は自分で会社を起こしたら是非彼を社員第一号にと考えていました。そこで三年前、アメリカに旅立つに先立ち、彼とある約束をかわしていたのです。

「アメリカで仕事のタネを探し出して事業を起こすから、ボクが会社を作るまで京都の松織に就職して、小杉さんの世話になりながら待っていてくれ。是非一緒に仕事をやろうじゃないか」

そして、それまでは友人である小杉益三郎氏の会社で預かってもらう形にしていたのです。やっと約束を果たし、彼を伯東初の社員として迎え入れることができました。さらに女性秘書をひとり採用しました。

こうして伯東は徐々に会社としての体をなしていき、人手も増えたのですが、忙しさにはさらに拍車がかかっていきました。一日が二四時間では足りなくて困るような、息つく間もなく飛び回る日々の連続でした。

エレベーターがのろく感じられて我慢できず、雲鏡ビルの三階にあった事務所まで、いつも階段を駆け上がり、駆け下りていたような気がします。少しの間もじっとしていられないのが私の性格です。でも、あの階段は、走って上るのにちょうど良かったのです。いい運動にもなりました。

設立の年の一二月、今年も残りわずかというあわただしい時期のことです。年がら年中走り回っていた私には、師走といえども関係なかったのですが、突然、母が亡くなったという知らせを受けました。

その頃、私は故郷三重県に住んでいた母を呼び寄せ、横浜の妹の家に仮住まいさせた後、母のために、三鷹に家を建てていました。当時、まだ日本には珍しかったテレビをアメリカから持ち帰って、母に見せようと三鷹の家に据え付けたところでした。家の準備が整い、明日は母を三鷹の新居に移そうと思っていた、その前夜の出来事だったのです。

これ以上のショックはありませんでした。会社も設立し、社員も入り、さぁ、これからという時です。

「ママ、まだこれからだよ。これから会社を大きくして、あなたを安心させて贅沢もさせてやろうと思ってるんだから。まだ、逝くんじゃないよ！」

そんな私の想いもむなしく、母は、天国に召されてしまいました。一二月二四日の夜のことです。私にとって決して生涯忘れることのできない悲しい涙のクリスマス・イブになりました。

母は働き者で、ずっと働きづくめの一生を過ごしたような印象があります。父は、若いうちは苦労もしましたが、日本へ帰国してからは昔からの友人・知人と謡曲、仕舞、碁などをして楽しく過ごし、戦争が始まるのも見ずに天国へ。ある意味、いい時期に亡くなったと思います。しかし、母は父の看病疲れも癒えぬ間に戦争に突入し、またもや苦労を背負いました。

私がアメリカに呼び寄せようと思った矢先に病に倒れ、会社を作ってこれからという時に天国に召される。間が悪いというか、なんともやりきれない思いがいたしました。

しかし、母もまた、素晴らしい人生を送ったのではないかとも思うのです。思いやり深い人で、不幸な人を見捨てておけず、人のためになることを、数多くやってきました。三重県では郷里の民生委員も務め、街の人たちのために働き、役立っていたのです。

母を亡くして私は日本での目標を失ってしまいました。こんな貧乏なところにいる必要もなくなった、アメリカへ戻ろう、戻ってまた蒔き直しをやろうと考えました。しかし、それを思い止まらせたのは私が家長として育てられた環境でした。両親から「お前は長男だから家のことは忘れてはいけないよ」と言われて育てられたのです。

母を看取って、私は心の内に密かに決心しました。母も、そして先に亡くなった父も、自分さえ良ければいい、という生き方はしてこなかった。今から私は、両親ができなかったこと、やり残したことを自分のひとつの目標として生きていこう。町の人々のため、世の中の人のために役立ち、不幸な人たちに対する思いやりを持って生きよう。現在に至るまで、なかなか思うように実行できないではいますが、その決意が、私の生涯のしるべとなったのです。

いよいよ私には、会社が我が家のようなものになりました。ますます、仕事に没入していったのです。

外貨割当て獲得で通産省へ日参

伯東の出発は、すでに述べたように水晶原石の輸入販売でしたが、この水晶を原点として、その製造技術、機械部品、材料などの輸入に努め、その後は通信機部品、測定器、エレクトロニクス部品、半導体、ＩＣ製造機械などの輸出入専門商社として発展していきました。一九五三年（昭和二八年）、設立の年は一一月、一二月のわずか二カ月間で九一一万円の売り上げを計上しました。

当初、私は、水晶だけでなくインダストリアル・ダイヤモンド、つまり工業用ダイヤの輸入など、手の届くものは何でも手がけることにしていました。

工業用ダイヤモンドをリベリアなどから仕入れます。ふつうはそれをそのまま、ダイヤモンド工具を作る会社に卸すところですが、私は、まず自分でダイヤを選別しました。インダストリアル・ダイヤといえども、大きな箱いっぱいあれば、その中には、磨けば光るいいダイヤも多少は紛れ込んでいます。

私は、水晶を筆頭に石のことはよく勉強をしているので、色や形から高品質のダイヤを見分けられます。ですからインダストリアル・ダイヤモンド一箱の中から、数粒の、良質な石を選び出すことができました。それを今度は宝飾業者に販売。正真正銘のダイヤモンドなので高い値がつきます。この分が利益にプラスされます。単に工業ダイヤの輸入、販売では儲けるのが難しいところを、自分で勉強した石の知識でもって利益を生み出すのです。

水晶を手がける前に、ウエスタン・エレクトリック社の研究所で学んだように、私はその後も絶えずいろいろな勉強を続けました。真珠を扱ったこともあり、その時は故郷、三重のメーカー・アサヒ真珠の真珠養殖所などに一年近く通って真珠のことを実地で学んだこともあります。

会社組織では、何事も、トップが率先して勉強し、最前線の情報、知識を自分で得た上で決定していくべきだというのが私の経営哲学です。誰かの報告というのは、その人の考えによって事実にプラスアルファがついています。三人ほども経ると、もう、アルファの部分が多すぎて間違った報告になってしまいます。このことは、戦争中、後方にいて命令を下す指揮官の、判断の誤りに泣かされた実体験からも骨身に染みていました。トップは、つねに身軽に現場に出ていき、率先して勉強する。商いは絶えざる努力と勉強だという信念があります。

それを実践して、設立から順調にスタートしたのですが、しかし、翌一九五四年（昭和二九年）から五五年にかけて、私は予想外の苦難に遭遇することになりました。

当時の輸入は国際収支均衡の維持と国内産業の保護育成という見地から、外貨資金特別割当制度というシステムによって政府の管理下にありました。

会社を設立した五三年は、朝鮮動乱終結による反動不況対策として「一兆円施策、一千億減税」をスローガンとする財政支出増が実施されました。また、金融機関も産業設備資金の貸出しを増大させていました。ところが、このような政策が輸入を増加させ、五三年の国際収支が極端に悪化したため、五四年度は緊縮予算となり、外貨予算も一〇パーセント圧縮されたのです。

輸入抑制策をとった政府は、外貨資金割当制度を強化しました。これは、輸入を主業務として、設立間もない会社にとっては大きな打撃でした。輸入外貨割当を獲得するため、通産省へ出向く日々が続きました。

「ドルを使う者は国賊だ」

通産省の役人に言われた言葉が、まだ耳に残っています。

しかし、何と言われても外貨割当が不足しては、会社は立ちゆきません。また、水晶の輸入は国賊どころか、必ず将来の日本の発展に寄与する、エレクトロニクスの時代に欠くべからざるものだという確信が私の中にあったのです。

そこで私は元海軍中将であった柴田弥一郎氏の援助を仰ぐことにしました。政界にも知られていた柴田氏のことを、社内では「柴田閣下」と呼ぶのが慣例でした。

氏は「国賊」とまで言われた私を弁護し、その事業の意義を通産省の役人に納得させてくれたのです。そのおかげで、厳しい外貨事情の中でも、私は比較的スムーズにドルの割当を受けることができるようになりました。以後、伯東では柴田氏を顧問として迎え、手厚く遇しました。

外貨割当金制度というハードルは何とかクリアしたものの、輸入のための担保金を前納しなくてはならなかったため、運転資金の逼迫《ひっぱく》は如何ともしがたいものになってきました。そこで、五四年の一〇月には資本金を一〇〇万円増やして六〇〇〇万円としました。

「女性は私ひとりに……」

結局、五四年（昭和二九年）は四一六二万円の売り上げしか達成できず、四人に増えた従業員の給料を払うのもやっとという状況でした。

しかし、幸いなことに私は社員に恵まれていました。みなさん、非常に誠心誠意働いてくれたので、銀座の雲鏡ビルにいた二年余の期間は、忙しくも楽しい思い出ばかりに彩られています。

最初の秘書の女性があまりのハードスケジュールに耐えかねてすぐに辞めて、新たな女性社員を雇った頃のことです。

今は結婚して姓が変わっていますが、当時は大石さん。大石和子さんという方でした。大石さんは、津田塾を出た英語が堪能な才媛。たいへん優秀で頑張り屋さんでしたが、何しろ仕事量がどんどん増えていくので入社直後から毎日てんてこ舞い。夜八時、九時まで働いてもらうのが日常です。残業続きで申し訳ないので、彼女を呼んで提案してみました。

「いつも、たくさん働いてもらってありがとう。仕事量が多くてたいへんな思いをさせて申し訳ない。もうひとり、ヘルパーを雇おうか？」

喜んでもらえると思って提案したのに、大石さんは、何だか不満げです。

「社長、絶対にやめてください。私、三人分、働きますから」

「え？　どうして？」

三人分働いてもらえるのはありがたいけれど、彼女の意図が分かりません。

「まず、お化粧の競争がイヤなんです」

「え？」

ますますもって不可解。お化粧が仕事とどう関係するのでしょうか？

「それにお洋服の競争もイヤです」

ははぁ、やっと分かりかけてきました。誰か新しい女性の社員が入ってくると、女性同士で着るものの競争、お化粧などの見栄の張り合いになる。複数の女性が狭いところで顔を突き合わせていると、そういう問題が起きがちだ、と彼女は言いたいらしいのです。

「私、なんでもやります。三人分働かせていただきますから、だから、三人分以上にお仕事が増えるまでは、絶対に他の人を雇わないでください！」

そんなにイヤなら、と他の女性社員はしばらく雇いませんでしたが、女性の心は複雑なものだと驚きました。もっとも、雇おうにも部屋は狭くて、いっぱいいっぱい。それでも、みんな猛烈に張り切っていました。

社員第一号の飯田幸之進君は大戦の時、ラバウルでの熾烈な戦いに従軍していた男で、そこで結核の病を背負っていたようです。調子が悪そうなので無理するなと口をすっぱくして言っていたのに、それでも仕事が好きだったのでしょう。サントリーのウイスキーを机の引き出しに忍ばせ、気付け薬の代わりのようにして飲みながらも、人一倍頑張っていました。

当時はみんな純真でしたから、みなさん誠意を尽くして一生懸命働きました。仕事をしていて気付いたら、夜の九時、一〇時になっていることもしばしばでした。そこで、近くにあった

「一平」という赤提灯に繰り出します。ここは、一杯飲み屋ですが、夕飯の定食などもあったので、みんなで遅い夕飯を食べて車で送って帰ったりしたものです。

前記の大石さんが九時頃に自宅に帰ると、お母さんから「こんなに早く帰ってきて、何かあったの？」と聞かれたそうです。

ある日、仕事で遅くなって一〇時過ぎた頃に、ご自宅に断りの電話をかけたことがあります。

「今日は仕事が遅くなって、もう電車がありませんから、お嬢さんはお友達の家に泊まります。今、お友達の家に確認したら泊めてくれるということなので、私が責任を持ちますから、ひとつ今晩はお宅に戻らないことをご了承ください」

随分、無茶な言い草ですが、お父さんは、

「あ、いいですよ。あなたが責任を持ってくれるというなら大丈夫です」

彼女のお父さんは日本電気の子会社の役員をなさっていましたから、伯東の仕事について間接的にご存じだったようです。だから簡単に承諾していただいたのでしょう。

「何か、変な会社に来ちゃったな」と思ったと、大石さんに後で言われました。

「恵は私に似ている」

それでも私は、仕事の上では、女性だからと手加減するようなことはありませんでした。何しろ私はせっかちですから、タイプでも何でも頼んで、すぐにできていないと気がすみません。商売はスピードが大切で、一刻を争う場合も多いのです。大石さんも、仕事の上で随分しごいて、随分、泣かせたりもしました。しかし、私は一貫して、私生活で女性を泣かせるようなことは慎んでいました。

私は、当時まだ独身でした。先のお化粧競争のように、女心などにまるで無頓着でした。三十代も半ば過ぎて、仲のいい女性の二人や三人いないというのも変ですが、私は、母にきつく釘をさされていました。

母は面白い人で、「女は男の甲斐性次第だ」と常々言っていました。私にはそれが、甲斐性がないうちは結婚しちゃダメだという風に聞こえました。それは男性ですから、玄人さんとの遊びをしなかったとは言いませんが、銀座は会社のそばなので、ここで悪い見本を見せては社員に示しがつかないと、そのような誘惑からは逃げていました。

何にしろ本当のところは、その時その時、精一杯走ってきたので余裕がなく、ひとりの女性の将来に責任を持つのが重荷だったのかもしれません。

もちろん、いろいろなロマンス、結婚話はありました。

ニューヨークのアパートの大家さんから娘をもらってくれと言われたのを始めとして、太平洋の船の上でも淡いロマンスが湧きかけたこともあります。日本へ戻って来てからも、随分たくさんの見合い話が、友人、知人から持ち込まれました。全部で相当数のお見合いをさせられましたが、みんなノー、ノー、断ってばかりでした。というような諸々の訳があって、女性関係には消極的であったことは事実です。

家内の恵に会ったのは、会社を設立して二年後のことでした。

私には依田博さんという友人がいました。日本電気の子会社・東洋通信機の重役で、最初は仕事上で知り合ったのですが、その後、無二の親友のような付き合いに発展しました。彼は学者ではありましたが、あまり英語が得意ではなかったので、彼が渡米する時は私が同行したりもしました。

その依田氏の妹さんの花子さんが日本女子大時代に同じ寮にいて仲が良かった浅川さんという美人がいる、高山さんの奥さんにどうだろうと紹介の労をとってくれたのです。

お見合いは、日比谷の日活ホテルのロビー。一九五五年（昭和三〇年）の一月でした。私たちの世代には「妻を娶らば才たけて見目麗しく情けあり」という歌のイメージがあります。それにあてはまる女性ならば、というわけで、依田さんが間違いないと保証しました。「第一、その年齢でひとりでは商売にもさしつかえるぞ」と、しつこく勧められました。

1955年、妻の恵と新婚旅行で箱根へ

その後、何度か彼女とデートもしました。

彼女は学校を卒業後、津田スクールオヴビズネスでビジネス英語を勉強しました。また、アメリカン・プレスクラブに勤務したこともありますが、その頃は実家の中野で暮らしていました。恵の郷里は長野県。群馬県との県境に近い大日向村です。長野までも何度か出かけて、島崎藤村が千曲川のほとりで詠った「小諸なる古城のほとり」

のあたりなども一緒に散歩した思い出があります。

彼女の父親は浅川武麿といって大庄屋の御曹司。お母さんは、油絵が得意な美人ですが、なかなか強烈な性格で、私は思い切って父親に、

「恵さんは、あなたと奥さんと、どちらに似ていますか?」

と尋ねました。

「もしも奥さんのほうに似ていたら、結婚を見合わせようと思います」

私は、何でもはっきりと口に出すほうですから、その時もずけずけと言ったのですが、武麿という名からも分かる通り、育ちが良く、全てに鷹揚な義父は笑いながら、

「恵はボクに似ている。安心しなさい」

と請け合ってくれました。確かに、義父の保証通りだったと思いました。

結婚式は一九五五年(昭和三〇年)の七月六日。カトリック高円寺教会で式を挙げて、披露宴は東京ステーションホテル。媒酌人は玉井商船の会長・納賀雅友氏。福井県知事の小幡治和氏も列席してくれました。

こうして、私は遅ればせながら三九歳にして一家を構えたのです。

会社倒産の危機

先の輸入抑制策における外貨割当金制度の問題は片づき、ピンチを乗り切ってほっとひと息。その直後に結婚もして一家も構え、さらに仕事に邁進しようと張り切っていた私でしたが、行く手には、早くも次の難関が待ちうけていました。我が社が開設した輸入信用状が問題を起こし一〇〇〇万円という多額の損害を受ける事件が起こったのです。

一〇〇〇万円とは、当時の会社を根底から揺るがすほどの金額でした。

当時、私は、新事業として韓国との貿易を企図し、韓国の繊維工場建設計画を援助する見返りとして、日本から機械設備を輸出するというプロジェクトを進行。このため、一〇〇〇万円の対韓信用状を開設しました。

ところが、何と間の悪いことでしょう。一九五四年（昭和二九年）八月一七日に、李承晩大統領が対日経済断交政策を発表したため、その信用状がそっくり全部韓国政府の手に渡ってしまったのです。

まず至急、借金の穴埋めをしなくてはなりません。何とか緊急に資金を集めなくてはと、三井銀行の貸付課長に名古屋高商の先輩がいたので、彼に頼んで三井銀行から借り入れることになりました。

次に、三井銀行への穴埋めにアメリカのクロス社に頼んでスタンドバイ・クレジットを開いてもらいました。スタンドバイ・クレジットとは、海外で現地金融を受ける現地法人・支店のための借入保証のことです。これにあたっては外貨の問題が出てきましたが、それは家内の親戚で日銀に勤務していた浅川課長がおられたので、助けてもらいました。

しかし、クロス社に対しても何らかの見返りを供与せねばなりません。クロス社・ストリックランド社長の私に対する信頼から開いてもらえたスタンドバイ・クレジットでしたが、それには当然、担保となるようなものが必要となってきます。他には手がありません、伯東の全株式を渡すことになってしまいました。この後始末をどう切り抜けるかが大きな問題となってきます。

私が人生で最初に危機感を感じたのは中学二年でアメリカに渡った時。全く英語も話せないのに、アメリカの社会で、学校で、どうやってやっていくか、途方に暮れそうになりました。しかし、まだごく若い時ですから、すぐに柔軟に適応して状況に立ち向かうことができました。

もちろん、その後、私は戦争で生きるか死ぬかの修羅場も何度かくぐり抜けてきています。

その時は人生の危機ではなかったのかと問われると、否定はしません。戦争は確かに人生の危機でした。しかし、戦争というものは兵隊や庶民にとっては、ある意味、自分ひとりではどうにもならない、一個人の能力を超えたところにある悲劇です。そういう圧倒的悲劇に接しては、人間はある種の諦観をもって受け入れることができます。どうやっても自分の力では打開できない、運を天に任せるしかないと受容する境地にもなるのです。

ところが、この会社存亡の危機にあたっては、そんなことは言っていられません。自国や他国の政策の変換という時代の波に翻弄されるのはこれまでと同じかもしれませんが、会社を作った私には、何としても会社を維持していく責任があります。

何が何でも自分の能力で、この危機を切り抜けることを迫られている状態でした。

この時も、私は多くの人に助けられました。まず相談したのは公認会計士の故尾沢修三氏。彼は住友銀行の常務を務めた人で、独立して公認会計士になった時、彼のお客の第一号が私だったのです。後に公認会計士協会の会長にもなったほどの方でした。氏はさまざまな対策を考え、ともに知恵を絞ってくださいました。

私は当時、東洋通信機の古賀温専務をよく存じ上げていましたので、早速相談いたしました。また、尾沢さんにも相談しましたが、彼は伯東の株式を担保に東洋通信機に援助を頼むなどのアイデアを出してくれたのです。そのアイデア通り、資金援助をしていただけたのは東洋通信機の役員、なかでも当時の古賀温専務、佐藤博常務、依田博取締役の格別の配慮のおかげでした。みなさん、私を信頼し、また、伯東という会社の将来性に期待をかけてくださったのだと思います。

こうして資金援助を受けて、さらにその後、精魂込めて働き、数年後にはクロス社から全ての株を買い戻すことができました。この時、初めて私は会社の先行きに見通しがついた心地がしました。

独立独歩。伯東という生まれて数年のよちよち歩きだった会社は、この時やっと本当に自分の足でしっかりと歩み始めたと私は思っているのです。

その後、東洋通信機への返済も順調に進み、全てをきれいに清算することができました。この時、助けていただいた全ての皆様に対する感謝はとても言葉では言い表せません。

世の中、持ちつ持たれつといいますが、自分だけが繁栄するのではなく、他人の成功のために手を貸すことも大切なことなのだと心の底から思うようにもなりました。

失敗は成功の母とも申しますが、真に失敗と成功はコインの裏表の関係にあります。この危機にあたって、私はたいへん多くのことを学ばせてもらいました。この経験が後々、会社を運営していくうえで実に役立ったのです。

台風で大荒れか、日本晴

一九五六年（昭和三一年）一月二二日。吐く息が白く凍りそうな寒い日曜日でした。私は、三人の社員とともに荷物を運んでいました。会社の引っ越しです。さまざまな危機の中ではありましたが、雲鏡ビルでは手狭になって、これ以上人も増やせないので、銀座から日本橋へ移転することにしたのです。

中央区日本橋本町一丁目三番地、共同ビル。昭和通りに面した新しいビルで、鰹節の八木長とトミーシューズの間を入った昭和通りの角というように道案内をしていました。借りた部屋は二階の一室で、およそ一五坪（五〇平方メートル）くらいの広さだったと思います。

移転先を日本橋に決めたのにはいくつかの理由があります。以前、加藤ビルの専務をしていた頃、日本橋にいたため馴染みの場所だったのがひとつ。伊藤忠東京支店に近くて親近感を覚えたのがひとつ。そして、日本橋には老舗の会社が多いので、伯東も老舗のひとつになりたいという気持ちがあったと記憶しています。

当時の昭和通りは非常に感じが良く、きれいな通りでしたが、ひとつだけ困ったことがありました。共同ビルのすぐ向かいに魚屋があって、移るまで気付かなかったのですが、非常に魚臭いのです。我が社には時折外国人のお客がありましたから、その時には、特に「どうにかならんかなぁ、このにおい」と参ったものです。

共同ビルへ移るにあたって社員を増やそうと、初めて入社試験というものをやりました。入社試験を経て入った社員第一号は清水正明君でした。

どんな試験をしたのかはよく覚えていませんが、「ジャパンタイムズ」という英字新聞を訳させたりしました。貿易の会社ですから、英語は不可欠です。清水君はなんとか読みましたが、訳す段になるとおぼつかない。カリフォルニアで洪水があった記事で、その中にeraseという単語が出ていました。彼はこれが分からない。私は、

「イレイズなんて小学三年生だって知ってるような言葉だ。君はいったい何年英語をやってるんだ！」

と、叱りつけたようです。実は自分ではあまり覚えていないのですが、清水君に後で聞いた

話です。

社長が入社試験を受けている若者を怒鳴りつけるというのも随分ですが、私は気が短いので、イライラを如何ともしがたかったのでしょう。実は優秀なエンジニアである清水君は見事に合格し、その後随分活躍してもらいました。

私は、変わった気性ですから、歴代の秘書や社員に随分無理を言ってきたような気がします。短気で、なんでもスピーディーでなくては気がすまない。また、忘れ物もひどい。傘などはしょっちゅう失くして、いざ帰ろうと思うと傘がなくて出られない。秘書の女性に、

「あんたぐらい、私の傘のことを覚えていてくれなくちゃ困る」

などと難癖をつけていました。そういう忘れっぽい性格はなかなか直らないようです。けれども人への感情も、忘れっぽくて根に持たないから、良かったのでしょう。

「社長は途轍《とてつ》もない人ですよね。台風で大荒れか、日本晴。そのどちらかなんですから」

などとよく言われました。何事も根に持ったりしない楽天的な性格が幸いしたと思います。いやいや、これは負け惜しみですね。

それでも、朝、手渡したレターは午後にはタイプができていなくては気がすまない。今日、頼んだ書類はその日のうちには完成していなくては腹を立てる、というので、歴代の秘書やタ

イピストたちは随分、苦労しました。お役所や郵便局の閉まる時間に合わせて、駆け足で書類を運んでいたようです。

清水君の次に入ったのが松井富夫君でした。松井君のお兄さんが福井軍政部時代からの私の無二の親友だったので、私が会社を始めた頃、「どうだい？　一緒にやらないか？」と声をかけたのです。

しかし、彼はすでに赤穂にある会社に勤めていたので、そこを辞めるわけにはいかない。「どうしても君のところには行けないから、代わりに弟と一緒にやってくれ」と頼まれて、弟の松井富夫君を雇うことになりました。このように、それまで培ってきた人脈からも優秀な人材が集まり、会社を発展させることに繫がっていったのです。

家族以上に家庭的

日本橋に本社を移転して、人手は増えていきましたが、仕事量の増大で社員の忙しさは相変わらずでした。

当時、余剰の利益ができたら、社員間で分け合ったりもしていました。ある時、手元に一〇〇万円が残りました。

「よし、これはみんなで分けよう！」

私がそんなことを言い出すと、当然、みんなの目はキラキラと輝きます。思わぬ時期のボーナスです。

「ボクが三〇万円とるから、君たちは一〇万円ずつとりたまえ」

当時、新入社員の給料が一万円という時代ですから、給料の一〇倍近くの臨時ボーナスになってしまいました。

そうやって仕事の苦労も、利益をあげた喜びも、みんなで分け合ってやってきました。

その当時、伯東では社員の給料に家族手当というものをつけていませんでした。アメリカには、そんな制度はありません。我が社はアメリカ的なリベラルな社風ですが、諸制度としてもアメリカに倣うところがたくさんありました。例えば事業の拡張に伴い銀行に融資を求めますと、銀行は当然のように担保として個人財産の提供まで要求してくるのですが、私はそれに応じたことはありません。アメリカの銀行の貸付けに対する審査基準は、まず経営者自身の信用とその会社の事業内容、将来性等の評価で決められるのです。創業以来五〇年、今日に至るまで一度も銀行融資に個人財産担保を提供したことはありません。それはひとりで始めた企業としてはたいへん珍しいことと言われますが、私としては当然のことと思っています。また、ある銀行に一〇〇万ドルのＬＣ（信用状）を開設する交渉をした時に、私は無担保でやってほしいと申しましたが、銀行はどうしても担保が必要条件だと言い張りました。私は「それを要求するなら他の銀行のお世話になるからこの交渉は取り止めましょう」と申しますと「私どもでやらせていただきましょう」という返事をもらったこともあります。

このように家族手当のことでも、家族は自分が覚悟の上で作ったのだから自分で責任を持って養えばいい、会社がどうこうするところではない、と思っていたのです（ただし、しばらく後に日本的経営風土に合わせて、家族手当も導入しました）。

家族手当はないものの、社員同士が本物の家族以上に和気あいあいと家族的でした。仕事以外でも社員一緒に楽しむことが多かったのです。

例えば、日本橋へ移転した一九五六年（昭和三一年）の五月には初の社員旅行を実施しました。行き先は日光。参加者は私と家内と、男子社員三名、女子社員二名。女子社員は旦那さまを同伴という、今では考えられない組み合わせです。それほど家族的な社風だったということでしょう。

浅草から、当時は珍しかった東武電車特急のロマンスカーを奮発しました。その頃、まだ特急ロマンスカーに乗るのは一部特権階級の人に限られていたような風潮があり、新入社員たちは興奮していたようです。

ただ、当日は雨降りで標高の高い日光は肌寒く、「日光見物も、あまりケッコウではないな」などというジョークも飛び出しました。

その後も、一碧湖、熱海、鬼怒川、熱川など、いろんなところへ旅行したものです。私も含めて社員の年齢にそれほど差がなかったのが、また良かったのでしょう。みんな若くて、会社といっても形式ばったところがない、実に楽しい時代でした。

また、野球大会や運動会を開催したり、社員の親睦を深める機会を作るよう、さまざまな試みをしてきました。もしかしたら、そういうイベントは、社員のみなさんよりも私が一番楽しんでいたのかもしれません。ともに働く仲間たちと一緒になってエンジョイするのは、忙しい業務の中の一服の清涼剤、仕事の苦労も忘れる格別の喜びの時間でした。

こうして、徐々に社員は増えていったのですが、残念ながら創立当初からのメンバー、飯田幸之進くんが病に倒れ、還らぬ人となってしまいました。ラバウルの残党だったので当時から結核を持っていたのか、たいへんな秀才だったので、その分、運動が足りず身体が弱かったのか。何にしても惜しい人を亡くしました。私の右腕として活躍してもらっていただけに、友人としても会社の経営者としても、何重にも痛手でした。当然ながら、私は彼の郷里の福井県鯖江で社葬を行ないました。

息子の誕生

一九五五年（昭和三〇年）に結婚したものの、その後も依然として、仕事中心の私の生活に変化はありませんでした。

会社設立当初の最も忙しい時期でしたから、海外にもよく出かけていました。海外出張といっても、短期間で商談をまとめるような生易しい仕事ではありません。

何もないところから会社を立ち上げたのですから、信用を得るのは非常に難しいのです。まず、自分を売り込む必要があります。また、相手の人柄、会社をよく知った上で商品を買わなくてはなりません。一朝一夕にできる話ではないのです。

アメリカ、ヨーロッパを往復するとすぐに一カ月くらいはたってしまいます。二カ月も家をあけたこともありますが、家内もよく耐えてくれたと思います。

結婚当初、私たち夫婦は母のために建てた三鷹の新居にしばらく住んでいました。

この家は私がアメリカ式の建築を考えて、自分で大工さんと相談して建てたもので、ベッドルームがふたつと食堂兼ロビーがある洋式の造り。二二坪（七三平方メートル）ほどの広さでした。

ところが、当時、三鷹のそのあたりはまだ水道もガスもありませんでした。井戸を家の中に掘って、ポンプで台所や風呂場に汲み上げていたので、極めて不便で困りました。家内は力が弱いので、私が毎朝この作業をすませるのが習わしでした。

また、三鷹は都心の会社へも遠く、毎朝走って三鷹駅まで急ぎ、階段を三段飛びで駅の構内に入るのですが、銀座への出勤には一時間以上もかかりました。出勤時間がかかり過ぎるので何とかもう少し近くに引っ越したいと思っていました。どういうわけか隣の家の人がこの家を気に入って売ってくれとしつこく頼んできたりもするのです。

そこで、数年もしないうち、世田谷区池尻に土地を買って新しい家を建てることにしました。

敷地は五〇坪、建坪は最初、四〇坪くらいだったでしょうか。

しかし、すぐにこの広さでは足りなくなりました。それは、子どもたちが生まれたからです。

一九五八年（昭和三三年）一月三日、長男が誕生しました。

何という感動でしょう！　私の一生の中で、これほどの感動はかつてありませんでした。

「私の第二の人生が始まるのだ！」

そんな実感が込み上げてきました。

これが私の息子なのか！　どんな風に育っていくのだろう？　親父もこんな感動で私を抱き上げたのだろうか？　さまざまな感情が一度にどっと湧き出て、胸がいっぱいになりました。

同時に人生に対する責任もこれまで以上に、ひしひしと感じられました。結婚の時もそうでしたが、私のサポートで人生が大きく変化する人間がもうひとり、この世にできたのです。

名前は「ジョン一郎」とつけました。アメリカと日本、両方の名前を組み合わせたのは、日本で暮らすのもいいし、アメリカで生きてもいい。世界を股にかけて自由に活躍してほしいという願いが込められていました。

同じような気持ちで、一年後に生まれた次男には「トーマス健」、その六年後に生まれた三男には「スティーブン龍太郎」と名付けました。

池尻の家も、子どもが生まれるたびに増改築して、二階にひとつずつ子ども部屋を増やしていきました。

子どもが生まれても、私の仕事漬けの生活は相変わらずでしたから、妻の苦労は、二倍、三倍に増えていったのではないかと思います。

週末は一緒に動物園に行ったり、外食をしたり、子どもと一緒に過ごす時間もありましたが、ウィークデイの帰宅は遅く、子どもたちが眠った後のことがほとんど。ある時など、たまりかねた妻が、こう言いました。

「たまには早く帰って子どもたちと夕飯を食べてくださいませんか？　何とか都合をつけて、せめて週に一回でもいいから、平日の夜も家族で食卓を囲めるようにしてもらえませんか？」

筆者の家族。前列左より次男トーマス健、三男スティーブン龍太郎、長男ジョン一郎、後列左より妻、筆者

家内は常々、私の仕事をよく理解してくれて、黙って家庭を守ってくれていましたが、意を決したように、こんなことを口に出したのは、よほどの思いだったのでしょう。

「そうだなぁ」

私はその場では考えるような返事をしながらも、やはり平日の帰宅は遅く、午前様で帰る日もしばしばでした。

九時、一〇時に仕事が終わるので、社員を空きっ腹で帰す気にはなれない。仕事柄お客も多いので、接待をすると一二時などはすぐに回ってしまいます。

子どもとはすれ違いばかり。会話も少なく、たまに会っても、

「おう、どうだ?」

「頑張ってるか?」

「何か変わりはないか?」

まるですれ違いざまの挨拶程度ですから、子どもに対して十分面倒を見た父親だとは、お世辞にも言えませんでした。日本の父親たちは、当時、多かれ少なかれ同じような状態ではなかったかと思います。退職した後は、相当、奥さんにサービスして然るべきではないでしょうか。

そういうわけで、子どもたちの教育、躾に関する功労は全て妻の恵にあったと申せましょう。

おそらく恵が家を守ってくれていなかったら、今の私も、また伯東も、どのようになっていたか想像ができません。

水晶加工機を導入

日本橋の共同ビルへ移転するのと前後して、私は輸出業務も開始することにしました。

当時、日本の産業界は設備投資が盛んで生産力も年々増大していました。そのため原材料の輸入拡大が国際収支を悪化させることとなり、輸出奨励策がとられていたのです。

それまでは輸入一筋できたものの、輸入のための外貨獲得が意の如くならず、また、社員も増えてきたこともあって輸出の分野にも進出してみようと思い立ったのでした。輸出品目には、石英管、水晶加工品などの本業の他に、玩具、スポーツ用品、クリスマス用品などの雑貨も含まれていました。

一九五七年度（第五期）の売り上げ高に初めて輸出金額が計上され、以降、輸出の比率も高まっていきましたが、国を挙げての奨励策がとられていた時代、なかなか競争は厳しかったことを記憶しています。

その間にも水晶原石の需要は、私が予想した通り、いえ予想以上に急激な勢いで成長、一九五三年の設立当初から五九年（昭和三四年）まで、伯東の輸入品目のトップは常に水晶が占めていました。

この背景には五二年（昭和二七年）に発足した日本電信電話公社（ご存知のように後に民営・分割化されてＮＴＴグループになります）の二次に渡る五カ年計画があります。これにより無線電信が日本全国で普及したことで、水晶の需要に拍車がかかったのです。

また、一九五四年（昭和二九年）には自衛隊が誕生し、装備の近代化を図ったため、通信電気機器、移動通信装置が拡充されたこともあります。さらに、警察庁、国鉄（現ＪＲ）などの無線通信装備の強化推進も、水晶の需要を急増させることになりました。

ところが、当時の日本の水晶加工技術はアメリカなどと比べると大きく遅れをとっていました。その頃の水晶加工業はまだ、家内工業の域を出ない状態で、水晶の切断、研磨、周波数測定など、その多くを加工職人の五感に頼っていたのです。そのため、製品の品質にばらつきが多くて、販売先からクレームがつくこともしばしばでした。

「こんなに品質が不安定では、信用性がなくなってしまう。製品の信用性を高めるために、何とかしなくては」

クレームを受けて、私は真剣に解決策を模索しました。

私の目的は、単に水晶原石を売って儲ければいいということではありません。水晶の可能性をさらに伸ばし、日本と海外の技術格差を埋めて、ひいては幾ばくかでも日本の経済、社会の発展に寄与したい。そんな使命感もありました。

「やはり、人間の手に頼っていては不安定さは解消しない。もっと機械を導入して近代化するのが一番だ」

そう結論づけた私は、かつてウエスタン・エレクトリック社で学んだ水晶加工の装置を導入することを企図しました。

それまでにも、我が社では水晶原石だけでなく水晶発振器用のホルダーとホルダーカバーの輸入も行なっていましたが、この一九五七年（昭和三二年）からは、米国フェルカー社（Felker Manufacturing Co.）の切断用ダイヤモンド・ホイールと水晶カッター、それにノース・アメリカン・フィリップス社（North American Philips Ltd.）の水晶原石ならびに水晶片測定のためのX線装置を輸入し、国内の水晶加工業者に販売することを決めたのです。これらの機械導入により、日本の水晶加工業界の技術水準は飛躍的に向上していきました。

連動して、我が社の水晶原石の輸入・販売も拡大していったのですが、後に振り返って見ると、昭和三〇年代初期という経済成長のスタート時に、水晶加工機を取り扱い、品目に加えたことにより機器分野にまで業務を拡大するチャンスを掴んだことのほうが、会社の将来にとって大きな影響を与えたといえるでしょう。

私は、人一倍、好奇心もサービス精神も旺盛な人間だと思います。また、あまり枠にとらわれる考え方はしません。この時も、フェルカー社からはコンクリート・カッターも輸入し、建設業界に紹介しました。加藤ビル、清水建設顧問時代の経験が生きたこともありますが、面白いものや役に立ちそうなものは、枠にとらわれずどんどん取り扱っていこうと思っていました。そんな積極的な考えが、コンクリート・カッターという一見畑違いの機器をも扱う気にさせたのだと思います。

現在に至るまで、このような好奇心とサービス精神は伯東の業務の中に一貫して流れていると思っています。

人工水晶のクオリティに注目

一九五八年（昭和三三年）は、日本国中の景気が沈滞した年でした。我が社も、先にお話しした株式に関する危機などもあって非常に苦しい状態でしたが、私は終始攻めの姿勢で、この年を伯東にとってひとつのエポックメイキングな年にすることができました。

まず、それまで水晶原石を取り扱っていた我が社が、人工水晶のソーヤー・リサーチ社（Sawyer Research Products,Inc.）と総代理店契約を結んだのです。米国のC・B・ソーヤー博士は一九五二年に世界で初めて販売可能な人工水晶の製造に成功しました。もともと最初に人工水晶の制作に成功したのはドイツですが、アメリカがドイツに学び、ソーヤー博士などを派遣し、人工水晶の実用化に成功。博士はソーヤー・リサーチ社を設立したのです。そのアメリカに今度は日本が学べないものかと考えました。

天然水晶は良質の原石が不足し、加工にも時間がかかります。ところが、人工水晶なら加工特性が極めて優れていて、品質は良質な天然水晶と比べても遜色がない。技術は日進月歩。常に新しい可能性に目を向け、勉強していなくては会社の未来はありません。私は人工水晶の将来性に着目し、ソーヤー・リサーチ社と接触。一九五八年に総代理店契約を取り結ぶことができました。

当初は量産化が軌道に乗らず、価格が割高でセールスも順調とはいきませんでしたが、やがて、人工水晶のクオリティの高さが徐々に理解され始め、一九六二年（昭和三七年）頃から急速に販売量が伸びていきました。それにともない、我が社の業績も急伸していくのです。

業績の伸びもさることながら、私はこのような水晶に関する先進技術をいち早く取り入れて、日本の水晶の発展に尽くせることが大きな喜びでした。

これは後のことですが、虎ノ門のビルのエレベーターで日本における水晶の権威、東大の高木昇教授にばったりお会いしたことがあります。先生は、私の顔をじっと見つめて、

「高山さん、あなたは日本の水晶の発展に随分尽くされましたね。あなたがいなくては、ここまで発展しなかったかもしれない。我々は日本の水晶がここまで伸びるとは想像していませんでしたよ」

そんな嬉しい言葉をかけていただきました。

もちろん誰かに誉めてほしくてやってきたことではありませんが、自分の行なってきたこと

が正当に認められ理解されるのは、やはり嬉しいものです。私は自分が進んで来た方向に誤りはなかったのだと、その時、改めて満足感を感じたものでした。

また、一九五八年には後に半導体分野へ進出する糸口となるＳ・Ｓ・ホワイト社（S.S.White）の水晶加工・研磨用装置、エア・アブレイシブ・ユニットの扱いも開始しました。この装置は、ゲルマニウム、シリコンを加工するためにも利用されたのです。

この年にはもうひとつ、書き記しておかなくてはならない画期的なことがあります。ベックマン・インスツルメンツ社（Beckman Instruments Inc.）の測定器の取り扱いを始めたことです。

水晶発振器用の機器を輸入し始めていた我が社では、高性能な周波数測定器を探していました。そこで私の目に留まったのがベックマン社の周波数測定器、ディジタル・フリークエンシー・カウンタです。これは、周波数が各桁ごとに数字管によりデジタル表示される測定器で、その頃、人間の耳を頼りにしていた日本の水晶加工業においては画期的な商品でした。当時、日本橋にあったインダストリアル・インポーツ社が権利を持っていましたが、このディジタル・フリークエンシー・カウンタを我が社の取扱品目に加えました。そして一九五八年四月に、ベックマン社バークレー・ディビジョンと総代理店契約を結ぶことが決まったのです。

ベックマン社は、とくに測定器と分析装置で優れた商品を開発する理科学機器メーカーで、当時すでに三〇年の歴史を持つ有力企業でした。水晶加工業界向けに輸入したディジタル・フリークエンシー・カウンタでしたが、技術革新に邁進していた通信機業界から俄然注目を浴び、通信機メーカーや研究所からの注文が殺到、瞬く間に我が社の主力商品になっていったのです。

翌一九五九年（昭和三四年）四月に、ベックマン社長御夫妻が来日しました。こういう機会を逃してはなりません。私は、帝国ホテルでレセプションを開くことにしました。ドクター・ベックマン御夫妻を歓迎すると同時に、ベックマン社の製品を紹介したのです。もちろん、我が社としても初めての試みでしたが、当時は民間企業がこのようなレセプションを開くというのはほとんど例がなく、新聞などにも紹介され、その後、ホテルでレセプションを開く企業が続々と出てきたのを覚えています。

華やかなパーティーでしたが、その時の私の胸中には期待感と悲壮感が入り交じったような高ぶりがありました。世界に、アメリカに負けるものか、何くそ、といったヤマトダマシイの気迫、気概がこもっていたのです。

そのレセプションにはクロス社からも出席者がありましたが、その頃、ソーヤー・リサーチ社の人工水晶が台頭してくると同時に、ベックマン社、フェルカー社などのエレクトロニクス機器へと我が社の取り扱い品目の中心が移ってきたため、クロス社の不満がつのっていたようです。

こちらとしても、先の株式の問題に加えて、当初、日本での販売利益の二五パーセントを約束していたクロス社が一〇パーセントに引き下げてきたのは大いに不満とするところでした。当初盟友ストリックランド氏ではなく、ブラジルに住むオーナー社長の意向だったのですが、当初の契約を変更してくるようでは、信頼が揺らぎます。そのような諸々の事情をふまえて、当社は株式を買い戻し、全てをきれいにした状態で設立時から協力関係にあったクロス社と袂《たもと》をわかつことになります。

前にも申しましたが、この時期の株式の危機は、今振り返ってみても、私の人生の中で最も私を痛めつけた出来事だったと感じられます。誰かを恨みたくなりましたが、しかし、私はそれを自分にきつく戒めておりました。これは、自分の不徳のいたすところであったのだ。私が何とかして、株式を全て買い戻し、会社を存続させていかなくては……。何かひとつやらなきゃ、という気概が、この五八〜五九年頃には猛烈に積極的な業務拡大の姿勢となって現れていたのでしょう。

ラッキーとモデレーション

さて、離れていく関係もあれば、また新たに生まれる関係もあります。

私は常々、良き友こそ我が心の師であり、支えであると思ってきましたが、ベックマン博士も私にとっては、そのような貴重な友人のひとりになりました。

アーノルド・オー・ベックマン博士は、奥様の健康のためにカルテック（カリフォルニア工科大学）の教授を辞任し、自分で発明したＰＨメーター（酸検出装置）を製造するベックマン社をカリフォルニア州フラトンに設立。社長、会長として一万二〇〇〇人の社員を擁する有力な計器メーカーに発展させた方です。

ある時、博士に「あなたの成功の秘訣は？」とうかがったところ、

「私はラッキーだっただけですよ」

と答えられました。

この「ラッキー」という言葉がどんなに深い意味を持つか、私には過去の体験上よく理解できるような気がしました。我々は幸運という言葉を、あまりにも軽々しく使っているのではな

いでしょうか。

「運は天から降ってくるもの」などと言うようですが、棚からぼた餅のように幸運の到来を漫然と待つ姿勢は、博士の言われたラッキーという言葉とは、遠くかけ離れたものに感じられます。博士の言われるラッキーは、そうした軽い意味ではないのです。人事を尽くさずに、天命を待っていても幸運は訪れてきません。真のラッキーとは、汗と涙の結晶であるに違いないのです。

また、後のことですが、博士が九五歳を超えられた時に、ご健康と長寿の秘訣を尋ねますと、

「モデレーション」

と簡潔にひと言で言い表わされました。「万事、ほどほどに」をモットーとするということでしょう。

日本中が、この節度ある精神を忘れ、一億国民がこぞって考えなしに突っ走った結果がバブル経済であり、今もなおその後遺症に苦しんでいるのです。日本のリーダー、経営者のどこかに「万事、ほどほど」にしておくだけの知性が欠如していたのではないでしょうか。

博士のふたつの言葉は、黄金のような輝きを放ち、私の胸に深く刻み込まれています。私が問題を抱えた時、反省を繰り返す時などの指針となり、終生忘れ得ぬ教訓ともなったのです。

共同ビルでの思い出

一九五三年（昭和二八年）に友人の事務所に間借りして、たったひとりでスタートした会社ですが、それから五年余を経た一九五九年（昭和三四年）には社員も一七名に増え、資本金も業務の拡大とともに一〇〇〇万円にまで増えていました。

共同ビルに移転してきてからの四年間余りのことが次々に思い出されます。苦しい思いもしましたが、日本橋の小さな部屋には、楽しい思い出がいっぱいに詰まっていました。

創立当初のメンバー、飯田君はすでに亡く、大石さんも結婚して大きなお腹で妊娠八カ月まで勤めてくれた後に退社。そのかわり、新しい社員は毎年のように増えました。

入社試験を経た初の社員清水君や友人の弟・松井君をはじめ、鈴木昭兵君、高成田坦君、西田和男君、児玉金昌君などなど、次々に若く新しい仲間が増えた時期です。

一九五九年に入社の進藤静之輔さんは、二〇代の若い新入社員の中で、ひとり年輩の方でした。社長の私をはじめ、みんな若かったので「頭の禿げかけたおじさんが加われば、少しは会社に重みが出るかな」、などという考えもあったのですが、英語力もしっかりしているし、人格者で女性社員の相談なども受けてもらえる欠かせない貴重な戦力です。女性の社員といえば、堰口さんや箕輪さんというこれまた優秀な方たちが入社してきました。

まだ冷房がなかったので、窓を開けて扇風機を回すとタイプの用紙が飛んで大騒ぎをし、開けた窓からは、後ろにあった風呂屋の煙突のススが飛び込んできたり、紙の燃えかすの大きなものが、ぼこぼこ落ちてきていたり。その上、お茶を沸かすガスコンロが部屋にあったので、扇風機を回すと、コンロの熱気が部屋中にまわったりと、お世辞にも立派な環境ではなかったけれど、みんな元気に働きました。

隣に八洲化学という農薬の会社があって、ビルの前にドラム缶を並べていました。それを羨ましく見ていたのが、後に伯東化学という会社を作ることに繋がるのですが、それはまだ先の話です。

まだ勤務時間の感覚が薄くて、みんな早朝から出勤して、女性は朝一番で掃除をしていました。私も早くから来て仕事をしていたので、松井富夫君などは、私より先に来ようと一番に出社して女性陣より前に掃除をしたりしていたものです。みんなでわいわいと、席替えをするのも楽しかったものです。

そう、日本シリーズの時は、近所の喫茶店でテレビ観戦です。私がひとりで喫茶店に入って見ていたら、後ろの席で何だか聞き慣れた声でわっと歓声があがりました。振り返って見たら、男子社員がみんな見に来ていたのです。

「なんだ、お前らも来てたのか」

と、大笑いで、就業時間中の日本シリーズ観戦は公認になったものです。

振り返ると楽しい思い出は際限なく出てくるのですが、仕事の面でも、たいへん充実していた四年半でした。後の伯東の基礎となる部分は、この日本橋時代に築かれたといっても過言ではないでしょう。

虎ノ門への移転

人手が増えるにつれて、日本橋共同ビルに借りた部屋も、徐々に手狭に感じられてきました。

社内の野球チームが、当時水晶のオーソリティーだった金石舎のチームと試合を組んだ時のことです。金石舎の社長・安藤氏が突然、私に野球と関係のないことを話し始めました。

「髙山さん、あんた、どうしてそんな小さな部屋に住んでるんだ」

私の自宅のことではありません。共同ビルのオフィスを言っているのです。

「でかい部屋に移りなさい。小さい部屋に住んでおったら、うだつがあがらん。とにかく、移りなさいよ」

自分でも手狭だと感じてはいましたが、うだつなどと言われると何だか素直に聞けず、

「そんなこと……人間は部屋の大きさなんていう形式だけで尊ばれるものじゃないから、私は小さい部屋でけっこうです」

などと意地を張ったものです。

しかし、実際に日本橋の共同ビルでは、身動きのとれない状態になっていました。

一九五九年（昭和三四年）三月、私はベックマン社の測定器、ソーヤー・リサーチ社の人工水晶などに加えて、さらなる水晶加工機器を取り扱うための研究、調査を兼ねて渡米しました。

一方では、東京工業大学の古賀逸策教授（後に東京大学教授、文化勲章受章者）や東京大学生産技術研究所所長の高木昇教授（文化功労者賞受賞）、電気通信研究所研究室長の高原靖氏（のちの三菱商事常務）らのもとに通い、水晶の研究にも励んでいました。

そうした研究の成果によって、西ドイツ・ショマンドル社(Schomandl K.G.)の周波数シンセサイザーの輸入・販売を開始するなど、さらに業務の幅は広がる一方でした。倉庫はだいぶん前に横浜に賃借していましたが、事務所も一五坪では、さすがにもう限界です。

そこで、私はやっと会社の移転を決めることにしました。ちょうど、家内の叔父・名雲賢が三井建設で取締役営業部長をしていたので相談すると、虎ノ門に良い物件があると紹介してくれました。虎ノ門交差点に面した九階建ての虎ノ門産業ビル。米国大使館、通産省にも近いビジネスに便利な一等地です。

「僕は、まだ大したことやっていませんから、部屋はひとつでいいです。できるだけ安くしてください」

私は八階の角、エレベーターのすぐ向かいの二三坪ほどの一室を借り受けました。敷金は、さすが虎ノ門の一等地で高かったので、名雲氏に一緒に行って交渉してもらい、随分安くしてもらったと思います。

また、これまで日本橋では木の机を使っていたのが、新しいビルに移るのをきっかけにスチールの机にしようと思ったら、これが高くて手が出ない。あちこち探して、巣鴨の刑務所で作った机を探してきました。立派なスチール机なのに安価で手に入れることができました。

一九六〇年（昭和三五年）四月に港区芝琴平町（当時）の虎ノ門産業ビルへ本社を移転しました。

当時は日米新安保条約の批准をめぐって、虎ノ門付近は連日デモの人波。拳を振り上げ、声をあげて歩く人々を見ながら、私は新しい時代の到来をひしひしと感じていたものです。

我が社もまた、新しい時代を迎えていました。この年から、輸入商品トップの座が水晶原石からベックマン社の周波数測定器に入れ替わったのです。一九六二年（昭和三七年）の創立一〇周年記念行事は鬼怒川温泉ホテルで全社員で祝い、以後、毎年の恒例となる社員表彰式も、この時に初めて行ないました。

コロゾメーターがヒット

移転の年の七月に成立した池田内閣は、「国民所得倍増計画」を発表し、五年間で国民の所得を倍増しようと企図していました。その基盤となるのが鉄鋼、石油などの重化学工業であり、その上に電機、自動車、エレクトロニクスなどの輸出産業を育成し、国内の産業を活発化させて国民の所得を増加させようというのです。

一九六一年（昭和三六年）、我が社では金属腐食率測定装置・コロゾメーターの販売を開始しました。早い話が、サビの検出装置。主に石油精製会社、石油化学会社で必要とするものです。当時、日本のエネルギーは石炭から石油へ転換されていた時期であり、石油化学工業の発展が予想されました。そこで、私はこの分野への進出を視野に入れて、調査を続けていたのです。

そんな時、ベックマン社の友人、ボブ・ジョン氏が、こんな面白い機械があるから扱ってみたらどうだと勧めてくれたのがこの装置です。調べてみると確かに面白いのです。早速、コロゾメーターのメーカー、クレスト社（Crest Instruments。後のMagna Corp.、現・Rohrback Instruments）と総代理店契約を結んで、販売を始めました。日本では馴染みのない機械ですから、最初、通産省の電気試験場に置いてコロゾメーターの有効性を調べてもらいました。二年後、非常に有効であるという結論が出たのです。

「サビの検出なら、コロゾメーターという良い装置がある。代理店は伯東だ」

通産省発の口コミが広がって、それからは黙っていても、自然と注文が入るようになりました。確か、石原さんという金属材料研究所の若い技師が、良い記事を発表なさって腐食に対する感覚を変え、コロゾメーターに注目が集まる、という経緯もあったと記憶しています。

「腐食を検出しても、腐食を防止できなければ意味がない。サビを止める薬品があって、機械の運転がスムーズにいくことが、お客が本当に求めることではないのか？」

最初に商品があって、それを売るという考えを私はしません。何がみんなの利益になるかを考えるのです。みんなの利益になることを手助けする。みんなが利益を得れば、自然と私のところにもお金が入ってくる。私は、そういう風に考えてやってきました。私のその考えが間違っていなかったことは、後に証明されます。

それはさておき、腐食防止剤の必要性を感じた私は、コロゾメーターのパテントを持っているアメリカン・オイル社の技術者アル・クーパー氏が来日した時に、そういう薬品を作っているメーカーを紹介してもらえないか頼んでみました。「それは、グッド・アイデアだ」と紹介してくれたのがナルコ・ケミカル社（Nalco Chemical Co.）です。

善は急げで、いつものようにすぐに総代理店の契約をとりつけようとしたのですが、これが、一筋縄ではいきません。交渉は難航して、私は、とうとうブラジルにまで行きました。同社はアメリカの防食剤、水処理剤のトップ・メーカーでしたから、アメリカへ行くはずですが、その時、担当者がブラジルに出張していたので、それを追いかけたのです。ブラジルといえば、日本から見ると地球の真裏。そこまで追いかけていったこちらの熱意も通じて、総代理店契約を結ぶことができましたが、それは二年後の一九六二年（昭和三七年）のことでした。

伯東化学を設立

交渉が難航したのは、我が社がこの石油化学分野の販売市場での経験が浅いということもありましたが、それより、工業薬品について専門知識を持つ人材がいなかったということをナルコ・ケミカル社は危惧したようです。私は、専門知識を持つ三名の技術者を入社させました。そして、翌一九六三年（昭和三八年）に別会社として「伯東化学株式会社」を設立したのです。本社は名古屋。資本金一五〇〇万円は全額、伯東株式会社が出資する形です。これが、伯東の子会社第一号になりました。

日本橋の共同ビルにいた頃、近くに化学工業の会社があったことは、前にお話ししましたが、そこのドラム缶が毎日、流れていく様を見て、私は羨ましく思っていました。我が社の扱う製品は一台、一台売っていかなくてはならない。流れる商品、継続的に売れ続ける商品が欲しかったのです。

私は、商売は勉強とは違う、直感力だと考えています。この能力だけは学校で教えてもらうわけにはいきません。ドラム缶を眺めながら私が感じていたもやもやとしたものが、ある時、ひらめきを得て、会社という形になる。それは、天啓を受けた画家や音楽家が、芸術作品を作り出す過程に似たものなのかもしれません。

自分が漠然と願っていたことが、ひとつひとつ形になっていく。そんな実業家としての醍醐味を感じ始めた時代でした。

子会社の伯東化学を作った目的のひとつは、ナルコ・ケミカル社などの製品のエンジニアリング・サービスを任せることでした。それに先立って、我が社では赤坂にあるビルの一室を借り、そこに技術課を新設していました。当時、技術専門のセクションを設けている商社は、まだ少なかったのではないかと思います。世界最先端の技術を駆使した製品を取り扱うという自負が、私に技術部門を作らせました。

アフターサービスのできる高度な技術を持つ商社。このことは、その後もずっと我が社の強みとなりました。このポイントが評価されて、一九六二年（昭和三七年）に我が社は防衛庁航空自衛隊の計測器修理工場の指定を受けることになります。アフターサービス業務は急速に増加し、同年、世田谷分室を作ったのを皮切りに、一九六六年（昭和四一年）には目黒工場、翌六七年には祐天寺分室、六九年には青葉台工場を設け、祐天寺分室では自社製品の開発も試みるようになりました。

また、エア・アブレイシブ装置から始まった半導体の分野への進出はさらに進み、AMI社（Affiliated Manufacturers Inc.）、BTU社（BTU Engineer Corp.）、バルザース社（Balzers A.G）などの有力半導体製造機器メーカーや、トランジスタ・オートメーション社（Transister Automation、現・Teledyne TAC）などの集積回路関連機器メーカーと総代理店契約を結びました。当時、アメリカでラインのまとまっていた厚膜ハイブリッドIC製造関係のものをライン化して輸入し、熾烈さを増す一方の国内IC関連分野での競争を勝ち抜いて、この分野では、国内シェア六〇パーセントを占めたのです。

さらに、通信機、レーダー装置の部品輸入、光学関係、プリント基板関係など新しい分野にも手を広げていきました。

こうして、虎ノ門に移転した後、会社は破竹の勢いで伸びていきました。最初は八階の一室、約二三坪（七六平方メートル）からのスタートでしたが、同じ年の末には九階の部屋を、その後六階、七階、倉庫用に地下室も、などと次々に借り増しをしていって、ついにはビル全体の八割を使用するに至りました。

移転時に一七名だった社員も、七年後の一九六七年（昭和四二年）には一〇〇名を突破しました。売上げも移転の一九六〇年（昭和三五年）には前年比倍増でも三億一〇〇〇万円だったのが、六六年には一一億四六〇〇万と、六年間で三・六倍、池田内閣の所得倍増計画を大きく上回りました。

ロータリークラブ

この頃、私はロータリークラブの会員になることができました。ロータリークラブとは、職業を通じ社会へ奉仕するため業界の指導者をもって構成されるクラブです。会員になれるのは、裁量権を持った実業家か専門職業人。クラブがその地域の代表的職業人を選んで入会を要請する形をとっています。

実は米国の取引上の友人の要請で、四〇代で入りたいと思ったことがあったのですが、母の従兄弟の小笹徳三氏から、まだ早いと言われました。五〇歳を機に、もうそろそろいいだろう、と声をかけてもらえたのです。実業家の場合、社員は一〇〇名以上。経営が安定していることが入会の条件だったようで、これでやっと私もビジネスマンとして認められたのだ、という気がしたものでした。

ロータリークラブでは、会員が自らの行動を律するための尺度として Four way test という基準を大事にしています。これは、

一　真実であるかどうか？
二　みんなに公平であるかどうか？
三　好意と友情を深めるかどうか？
四　みんなのためになるかどうか？

という四つの原則です。

何か行動を起こす前に、この四原則に照らし合わせることは職場においても有意義だと、社員たちの前で話をした記憶があります。

進藤常務

さて、会社の規模拡大につれて、私だけでなく社員も海外に派遣されるようになっていきました。

社員の海外出張時には、ロスアンゼルスに住んでいる姉の浜口ちゑ子が助けになってくれました。何しろ当時は一ドル三六〇円。海外旅行など庶民には夢のまた夢の時代ですから、慣れない土地で心細い思いをする社員たちには、空港に出迎えてくれる姉の存在が身に染みてありがたかったと言います。

海外派遣の増加もあって、私は社員に英会話教育を行なうことにしました。先生は、進駐軍の将校として来日し、国内に留まられた日本びいきのウェイヤント（Weyant）氏にお願いして、マン・ツー・マン式授業です。出張の決まった社員は日曜ごとに横浜の先生の家に通い、英語のみで会話。さらに食事のマナーなども指導していただきました。まだ、外国人と接する機会などなかった時代でしたから、まずは海外に行った時に外国人に怖気づかないように慣れるのも目的でした。この先生の会話教室はその後一〇年ほども続きましたが、その他、社内外での研修など、社員教育に力を入れるのも、私の経営方針のひとつの柱でした。

日本橋時代からの社員、進藤静之輔さんは当時常務になっていましたが、アメリカ出張が決まった若い社員に「私はこの歳になってもまだ海外に出たことがない。君たちは非常に幸運だ」と話していたそうです。彼は一九六五年（昭和四〇年）に急逝。とうとう一度も海外へは出ずじまいとなりました。私は、ハワイでもどこでも、一度行かせてあげれば良かったと残念でなりませんでした。進藤常務の葬儀は伯東の二度目の社葬として芝のお寺で盛大に執り行ないました。

職場十訓

お互いが話し合う時間を持つことが、国家、社会から、職場、家庭においても非常に大切なことだと私は常々感じています。お互いが分かっているはずと思っていることが、実は分かっていなかった、そんなことが、話し合って初めて理解されることは随分とあるものです。

社員が増えていくと、なかなか社内で意思の疎通を図るのが難しくなってきます。

「社員が増えれば増えるほどコミュニケーションの場が必要」と考えた私は、一九六六年（昭和四一年）の八月から朝礼を開始しました。毎週月曜日の朝、私や幹部が話をしたり社内通達などの周知徹底を図ったりしたのです。

朝礼で話したことは、海外出張の報告や体験、読んだ書物の感想、日常の体験で掴んだものなど多岐に渡りましたが、そのテーマは、キリスト教の「愛」、他者への思いやり、自己啓発、人間形成などが主であったと思います。伯東マンたるもの、こうあってほしい。そこには社員に対する理想と願いが込められていたのです。

この朝礼は、その後一九七八年（昭和五三年）一〇月まで毎週続け、以降は毎月第一月曜日に実施、現在ではデジタルネットワーク化によって本社と各支店同時に朝礼を行なえるようになりました。

さて、もうひとつのコミュニケーションの場として、同じ六六年一二月には社内報『Hakuto』を創刊しました。記念すべき創刊号の表紙を開くと、最初に、私が作った職場訓が掲載されています。

一　我々はプロである。アマではないぞ。

二　目標は必ず勝ち取れ。中途半端は失敗のもとだ。

三　石橋を叩いて渡れ。渡るときは一気に渡れ。

四　一攫千金を夢見るな。ローマは一朝にして成らず。亀は兎に勝ったではないか。

五　成功は損をしないことの積み重ねだ。

六　正しい反省こそ成功への道である。

七　些細なことこそ注意が肝要。大河も針の穴から決潰《くず》れることがある。

八　毎日が真剣勝負の戦場だ。斬られたら負ける。負けても負けない土性骨を叩きこもう。

九　団結の緒をゆるめるな。敵は随所に窺《うかが》っている。

十　仕事に愛情を、同輩に愛情を、そして会社に愛情を。

この社訓は、今日に至るまで「伯東精神」として社風の中に息づいています。

また、「伯友会」という親睦団体も発足させました。全社員が会員で、野球部、登山愛好会、音楽鑑賞会、華道、茶道、カメラなどさまざまな愛好会が結成されていきました。

断ることの大切さ

何かを頼まれて引き受けるのは易しいことですが、断るのはその二倍も三倍も難しいことです。しかし、断るべき時は断固として断るのも、経営者の務めです。伯東での経営を振り返る時、「あの時、断っていなかったら、会社はどうなっていただろうか」という冷や汗の出るような剣ケ峰がいくつかあります。

ひとつは六〇年代のこと、私は溶融石英に相当、力を入れていました。ラスカという水晶の中でもあまり上等ではないものですが、溶融石英の原料としてブラジルから年間三〇トン位輸入していました。溶融石英は化学薬品の検査とか製造に使われていて特に酸や熱に強い特性を持っていることで知られています。当時、私の仲の良い英国の友人、ブレンデル氏から世界的に新しい溶融石英の製造装置がスイスにあるので、日本の関連の顧客に紹介してはという話を受けました。当時、日本の技術はまだ遅れていましたのでそのような装置は市販されておらず、たいへん魅力的な話でしたので某溶融石英の顧客に紹介したところ、その顧客は強い興味を示され、早速スイスのロカルノの工場をその顧客の社長ご夫妻と訪問することになりました。一台一億五〇〇〇万円、手付金三〇〇〇万円相当の銀行小切手を携えてロカルノのホテルに泊まって、契約に臨みました。しかし、実際に工場を見学し、説明も聞き、装置もこの目で見たのですが、私の中でどうも気が進まないのです。熟考した結果、購入をとりやめることにしました。本件についてとても前向きに考えていただいた社長さんには、この機械はもっと検討をすべきで、今すぐ手を打つべきではないのではと申し上げると、社長さんも同じ意見で今回は見送ろうということになり、さらに社長さんには「契約交渉にあてていた残りの期間は奥さんとスイスの名勝地でも観光されては」と言い残して、私は日本に帰りました。数年後、結果として、この装置が約束された精度が出なかったことが分かり買わなかったことが正解だったと証明され、社内でも「社長の勘はすごい」と評価されました。

この話には付録があります。この旅では、フランクフルトで乗り継ぎロス経由で日本に帰る旅程でしたが、その時に用意していた、三〇〇〇万円相当の、当時ではとても大きな金額でしたが、私はその小切手の封筒をフランクフルト空港で搭乗手続きの時にカウンターかどこかに置き忘れてしまったのです。幸い、航空会社へ大金は戻っていましたので事なきを得ましたが、まさに冷や汗を通り越して身の毛のよだつ思いでした。

同じ頃、飛行機が着陸する時のランディング・ギアの輸入をしてもらえないかという話が、防衛庁から持ち込まれました。当時のお金にして数億円になる仕事で、さらに発注元は国ですから取りっぱぐれもありません。我が社の信用やステイタスも上がります。社内でも「うちの得意分野ではないが、技術者もいるのだから何とかなります。やりましょう」という声の方が多くありました。ですが、失敗した時のリスクも大きいと考えました。国の発注する仕事は品質検査や納期が厳しく、品質が基準を満たしていなかったり納期に遅れるとペナルティを取られます。へたをすると利益が出ないどころか、赤字になる危険すらあります。未知の分野に挑戦することは大事ですが、私は、リスクが大きすぎると判断し、この話を断りました。

数年後、銀座で、その防衛庁の二佐であった当時の担当者にばったり会いました。「例のランディング・ギアの話、どうなりました？」と聞いてみると、「高山さん、貴方はとても勘がいいんですね。どうしてあの注文を受けなかったのですか。貴方は強運の方ですね」という返事が返ってきました。Kという会社が受注したのですが、悪戦苦闘の連続で、結局莫大な損害を出したということでした。私は、またまたホッと胸をなでおろしたものです。

一九七一年（昭和四六年）一一月、その当時、通信業界は、シチズン・バンド（市民無線27メガヘルツ帯のこと）流行に浮かれていました。人工水晶に注目が集まり、それを扱う米国クリーブランドにあるC・B・ソイヤー社が業績を伸ばしていました。ヘアリー・ドット社長は、同社を六〇〇万ドルで買ってくれないかと頼んできました（当時は一ドル三〇〇円前後の時代です）。社長を含め六人の役員もそのまま雇うという条件です。私は「二カ月間だけ考えさせてください」と答えました。

私は情報を集め、熟考しました。同社は組合が強くて、へたにリストラなどできないということが分かりました。莫大な投資をした以上、失敗は許されません。結局軌道に乗るまでは私が日本を留守にして陣頭指揮を執らざるを得ないと思いました。一カ月ほどたった頃、同社が親会社に当たるブラッシ・ベリリウム社にも買収交渉をしていることが分かりました。

結局、私はその直後、「血は水より濃いものです。系列会社に買い取ってもらったほうがうまくいくでしょう」と言って断りました。

三年後、画期的な技術が開発されたために人工水晶は需要が一〇分の一に激減し、供給過剰の大不況に陥りました。あの時、ソイヤー社を買っていたら今の伯東はなかったかもしれません。

これらの交渉において、私に「拒否」の決断をさせたものは何だったのでしょうか。もしかしたら、亡くなった父が天国から私を守っていてくれたのかもしれません。

エレクトロニクス専門商社へ

私は、無計画に会社を大きくしてきたわけではありません。創設当初から折々に見直して、計画的に事業を進めてきたつもりです。

おおよその区切りとして、創設から一〇年くらいは水晶からエレクトロニクスの分野、二〇年までは、エレクトロニクスから化学メーカーとしての発展も、そして、三〇年くらいまでには海外に拠点を広げようと考えました。

一九六五年（昭和四〇年）から七〇年（昭和四五年）にかけて続いた「いざなぎ景気」、七二年から七三年の「列島改造論景気」などの中で、私は会社を計画通り、さらに大きく多分野に発展させていきました。

一九六〇年代に半導体関連の分野でシェアを広げていた伯東は、七〇年代に入ってＬＳＩ関連機器などの取り扱いを増やし、さらにエレクトロニクスの分野を拡充、また、コンピュータ分野にもいち早く参入し、一九七三年（昭和四八年）には「システム開発センター」を新設し、ソフトウェアの開発研究にも取り組んだのです。また、一九六九年（昭和四四年）には技術課を独立させ、伯東エンジニアリング株式会社を設立しました。子会社第二号です。

こうして、創立二〇周年を祝った一九七三年（昭和五〇年）には資本金四五〇〇万円、社員数二五二人、売上高七四億円以上、子会社二、その他海外事務所などを持つまでに成長できました。当時、日本の企業にはあまり見られなかった念願の週休二日制も早々に実施しました。カリフォルニアの高校時代、ウィークデイの授業の勉強から解放される土曜日、図書館に通って読みあさった本の数々が私の人生に与えた影響は計りしれません。そんな自己啓発の時間を社員のみなさんに持っていただくためにも、是非、週休二日制は早く実現したいと考えていたのです。

しかし、その年はいわゆる第一次オイルショック。第四次中東戦争に起因したＯＰＥＣ（石油輸出国機構）の原油制限で日本経済は大打撃を受け、我が社も対応を迫られました。かねてから世界の動向に目を向け、研究を怠らなかったためか、七一年の「ニクソンショック」の時などはうまく切り抜けてきましたが、この時は、なかなか厳しいものがありました。

七五年（昭和五〇年）一月、私は朝礼で非常事態宣言を行ない、経費の二〇パーセント削減、役員、部課長の減俸、社員の昇給の見送りを発表しました。いかに、早く危機を察し切り抜けるための手を打つかも、リーダーに求められる資質だと私は考えています。全社あげての努力の結果、その年の三月期には売上高が初の一〇〇億円突破。しかし、インフレと金利の高騰で利益半減という創業以来の珍事も起こり、さらに経費節減の必要性を感じた年になりました。

そして翌年には景気も回復基調。さらに、通産省の肝入りでＬＳＩから超ＬＳＩの開発研究企業グループが作られたこともあって、一気に半導体設備投資熱が列島を席巻し、この分野で一歩先んじていた我が社は、エレクトロニクス専門商社の地位を確固たるものにしていきました。

同じ場所に留まっているのが嫌いなのは、私の性格なのでしょう。エレクトロニクスのみに安住するのではなく、その技術を生かし、海洋開発、宇宙開発、原子力、オプトエレクトロニクスなど新たな最先端の分野を切り開く作業を常に続けていきました。

六三年に設立した伯東化学は、取り扱い分野を紙パルプ業界、工業用水処理、石油精製、石油化学プラントなどへと広げていきました。三重県四日市市に買った五〇〇〇坪ほどの土地に工場を作ったのが一九七〇年のことです。土地はまとめて買ったわけではなく、会社設立当初から一反、一反買い集めたもので、四日市市には石油コンビナートがあるので、ここに工場を作るのが得策と考えたからです。

工場では、水処理も手がけていたため、水の美しさをアピールしようと、研究所の前に丸い池を作り、鯉を飼いました。中に黄色い大きな鯉が一匹いて、毎週、訪ねていくたびに餌をやっていたら、私を見ると喜んで寄ってきます。頭をなでてやることもでき、それが楽しみだったものです。

この研究所には寿司屋や魚屋などでよく見かける彫刻看板も飾ったりしました。虎ノ門の馴染みの寿司屋に頼んで築地で作ってもらった、高山の名前を入れた立派な彫刻看板です。寿司屋も水が第一、我が社のこの研究所にも水をきれいにするというイメージがある。そんな遊び心というか、イマジネーションを広げていくのが好きなのです。

一九七六年（昭和五一年）には、電子機器輸入専門商社二三社が集まってＪＥＰＩＡ（Japan Electronic Products Importers Associationの略。日本電子機器輸入商社懇談会、現・日本電子機器輸入協会）を結成。私は、発足当初の代表幹事から、八〇年には全会員の薦めで会長に就任。会員数は一時、五五社にまで伸び、その後、不況を反映してか四〇数社に減少もしましたが、現在は五五社に戻っています。

また、子会社の伯東化学は、七五年（昭和五〇年）にナルコ・ケミカルとの資本、技術提携に踏み切り、平等に株式を五〇パーセントずつ持ち合った合弁会社、「伯東ナルコ化学株式会社」として新発足させました。

同時期に、伯東は海外へも拠点を広げていきました。一九六七年（昭和四二年）にミュンヘンに初の海外事務所を設置したのを皮切りに、六九年にはロンドン駐在員事務所を開き、翌年にはロンドン支店に、また七二年にはシカゴに現地法人第一号の「Hakuto International Inc.」を設立しました。

さらに七三年（昭和四八年）には香港に現地法人「S&T Enterprises Ltd.」を設立しました。S&Tは、シゲオ・タカヤマの頭文字を取って名付けたもので、シンガポール、上海、北京、バンコックなどにもS&Tの名の付いた会社ができて電子機器・部品の輸出入、製造などにあたりました。現在はグループの一体化のため、これらの現地法人を全てハクトウ（Hakuto Enterprises）に変更しています。

新宿に本社ビル完成

六〇〇〇人の顔の全てに私は感謝をしました。

一九七八年（昭和五三年）の一一月一二日、私は東京會舘のローズルームで、六〇〇名の社員や家族、関係者とともに伯東株式会社創立二五周年の記念祝賀会に出席していました。

二五年とひと口に言いますが、四半世紀、長い月日です。しかし、私にとって一九五三年、雲鏡ビルでの机ひとつの出発から、一九七八年の創立二五周年までは、あっという間の出来事のように感じられました。仕事のタネを探し、自分で道を切り開き広げていくのが面白く、仲間の社員が増えて会社が大きくなるのが楽しく、また、同時に子どもたちの成長が嬉しく、もちろん苦労はありましたが、それさえも含めて、何もかもが輝いていた四半世紀でした。

二五周年の区切りに、私は本社ビルの建設を計画しました。折しも、主力取引銀行であった協和銀行（現・りそな銀行）の四谷支店跡地を譲り受けることができたのです。新宿区新宿一丁目、新宿通りに面し、背後に新宿御苑の森を控えた美しい環境。ここに、私たちの本当の城ができることになったのです。

ビル建設工事は一九七九年（昭和五四年）七月に着工して、翌八〇年七月に完成しました。竣工式で紅白のテープにハサミを入れる時は、さすがに感無量。祝福式にお願いしたカトリック渋谷ドミニコ教会のジェラール神父様の祝別の祈祷も、いつにも増して心に響きました。

虎ノ門産業ビルからの移転に関してひと騒ぎあったと聞いています。いくつかの部門は虎ノ門に残すことにしたため、どの部門が残るかで揉めたのです。「残されるのは敗残者のような気がする」などと言うのかと思ったら、何と虎ノ門のほうが美味いランチの選択肢が多いから残りたいと、大の男が議論していたというから可笑しいというか……。社長も美味いものにこだわると、社員も似たようなことになってくるのでしょうか。しかし、新宿でも、探検の結果、美味いもの屋はいろいろと見つかったようです。

本社ビルが完成し、年商も二〇〇億円を突破。しかし、こんなことで満足する気は私には毛頭ありませんでした。企業は、絶えず成長しなくてはなりません。前進に次ぐ前進あってこそ、企業は競争に耐え、生命体として存続することができるのです。

これを機に広報委員会などを設置し、業界関係の各紙誌向けにニュースリリースを発行するなど積極的な広報活動を開始しました。また、ＣＩ（コーポレート・アイデンティティー）活動として企業イメージ高揚作戦を敢行、増えてきた海外拠点とのコミュニケーションをより密にするため、毎年一回開催する海外拠点会議をスタート、コンピュータを導入してオフィス・オートメーション化に着手、などなど、やるべきことは次から次へと出てくるのです。

かねてから力を入れてきた社員教育も体系化し、さらに充実させました。

「企業は人なり」というように、社員ひとりひとりが伯東を代表している、と私は常々思っています。企業を育てるのは社長や幹部だけでは決してありません。また、時代の変化はめまぐるしく、学校で受けた教育はたちまち色あせていきます。まして、先端技術を取り扱う仕事をする者にとって一日たりとも勉強を怠ることは許されないのです。社員に叱咤激励をする以前に、私自身も一九七八年（昭和五三年）からアメリカ・スタンフォード大学の経営研修会に参加しており、その後、役員幹部も毎年、この研修に参加させるようにしました。私は、同大学ビジネス諮問委員を務め、後には準終身会員（Affiliated Life Member）に選ばれました。

さて、一九八三年（昭和五八年）、会社の創立三〇周年を迎えるにあたって、記念事業として伯東基金を設立することに決定しました。これは、政府、民間の支援による国際文化交流を推進している財団法人・日本国際教育協会の私費外国人留学生学習奨励金支給事業に協賛したものです。伯東基金は、主に東南アジアからの留学生のために活用していただくことになりました。

翌八四年には、この基金設立について文部省を通じ伯東株式会社に紺綬褒章が授与されました。こういう活動は対外的評価を期待して始めたわけではありませんので、面映ゆい部分もあります。ただ、会社による社会還元の活動を評価していただくことは嬉しく、会社としては誇らしいことですのでありがたくいただくことにしました。

また、この頃、USトレードセンターの輸出振興活動に多大な貢献をしたということでボールドリッジ米国商務長官から表彰を受けたり、ＪＥＴＲＯ（日本貿易振興会、現・日本貿易振興機構）から、会主催の対日輸出プラザミッションなどへの協力について感謝状をいただいたり、何だか受賞続きだったように記憶しています。

好機到来

二年間で円のドルに対する価値が二倍になる、そんなことを誰が予測できたでしょうか。

一九八五年（昭和六〇年）の九月、先進国五カ国の蔵相、中央銀行総裁がニューヨークのプラザホテルに集まり、ドル高是正に向けて協調介入することで合意しました。いわゆるプラザ合意です。

この時、一ドル二四〇円だった円相場は、翌年には一五〇円台に進み、一九八七年には一二〇円寸前にまで達してしまったのです。急激な円高と経常収支の黒字は、日本の輸出産業を直撃し、半導体業界も深刻な不況にあえぐことになりました。

このような状況の中、我が社も八六年、八七年と、売上高、経常利益ともに前年比を下回り、二年続けて大幅な減収減益という危機に陥りました。

私は、この時「好機到来」というメッセージを社内報『Hakuto』に寄稿しました。パラドックスではありません。どういう意味なのかは、以下の内容を読めば分かっていただけると思います。

「この円高は一時的なものではなく、おそらく長期間持続し、あるいはそのまま定着しかねない情勢にある。（中略）我が社は、いま非常に重要な局面を迎えている。いま決意しなければ永久に悔いを残すことになるだろう。この機会こそ、我が社は創業当時の原点に立ち返り、社員ひとりひとりが謙虚に自分を見直し、利己に打ち克って社業の発展のため、全ての力を結集する時に来ていると思う。これこそまさに『好機到来』と言うべきだろう……」

企業はこれまでの高度経済成長時代とは違った観点に立ち、デフレの時代に対応する周到かつ現実的な経営対策に取り組まなくてはならない。そう考えた私は、さらに予算管理の徹底を図り、経費節減、全社あげての効率化に取り組みました。いわゆる会社再建、本当の意味でのリストラクチャリングです。

順調に伸びてきた企業は、えてしてどこかに気の緩みや無駄があったりするものです。減収減益という試練を経て、さらに企業として気を引き締めることができるとしたら、それは、将来のために必ず役立つはず。これを好機と言わずして何と言うのでしょう。
一九八六年（昭和六一年）の創立三三周年記念の挨拶にあたって、私は、不況の中で成長路線を維持するための中・長期的ビジョンを発表すると同時に、この円高は今後の景気悪化と必ずしも結びつくものではなく、長期的には日本経済の発展に繋がる。不況下でも持てる力を効果的に発揮できる企業は必ず成功を勝ち取る、というポジティブなメッセージを発しました。また、厳しい環境を乗り切るため増資、及び従業員持株会を発足させるなどの対策も講じました。

そうこうしているうちに、状況は急速な転換を見せます。八七年（昭和六二年）半ばから景気が急回復。八六年一月から五度に渡った公定歩合の引き下げという大胆な金融緩和政策が大きく寄与したと考えられます。最初に金利低下の恩恵を受けて住宅業界が活気づき、八八年に入ると金融自由化を背景に資金調達が容易になってきた企業が、高度成長期を上回るような盛んな設備投資を始めたのです。

我が社も、八八年には前年比二・二倍の増収増益。八九年も売上高四六八億八一〇〇万円と過去最高を記録し、二年連続の増収増益を達成しました。また、九〇年には人材派遣、人材資源開発にたずさわる子会社、「ヒューマンリソースインターナショナル」を設立するなど新分野にもさらに挑戦しました。

これが、いわゆる「バブル景気」で、「いざなぎ景気」に次ぐ戦後二番目の大型景気になるのです。しかし、その後に戦後かつてない大きな不況という落とし穴が待っているとは、まだ、日本中が気付いていない時期でした。

九一年の春、私は藍綬褒章を賜りました。長年、JEPIAの会長、SEMI（一九七〇年に設立されたアメリカのカリフォルニア州サンノゼに本部を置く半導体装置と材料の工業団体“Semiconductor Equipment and Materials Institute”の略称。世界の会員会社数約二二〇〇社）や日本機械輸入協会の理事を務め、通産省やJETROの要請によって数多くのミッションを団長として行なってきたことなどが評価され、それによって日本経済に貢献したと認めていただいたのです。

SEMIといえば、二〇〇四年一〇月に図らずも大きな賞を頂きました。それは「二〇〇四年・SEMIグローバル・リーダーシップ・アワード」という賞です。授賞式はアメリカ・カリフォルニア州のフェアモントホテルにて開催されましたが、受賞に際し、SEMIのプレジデント兼CEOのスタンリー・マイヤーズ氏から次のような紹介の言葉をいただきました。

「高山氏はまさにグローバルな大使と呼ぶに相応しい方で、SEMIの国際化に多大な貢献をされました。一九八〇年代の日米貿易摩擦の折にも、両国間の架け橋としてSEMI国際トレードパートナーズ会議の創設に尽力されました」。

この国際トレードパートナーズ会議というのは、SEMI International Trade Partners Conference（ITPC）のことで、二〇年前、日米貿易摩擦の頂点の頃、日米の半導体製造装置・材料メーカーとそれらのユーザーに「足の引っ張り合いの競争ばかりしないで、本質的に相互理解を深めよう」と呼びかけて始まったものです。場所を、日常から隔離されたハワイの、それも街から大きく離れたリゾートホテルとし、否が応でも互いに顔を突き合わせるしかない環境を作り、成功しました。後年、この会議は「日米」だけでなく、対象が、欧州、アジア諸国にまで拡大されて今日に至っています。創設時から関わってきましたので、このような賞を頂戴することになり面映ゆい気持ちでいっぱいですが、二〇年前の会議でのいろいろなやりとりが、まるで昨日のことのように思い浮かびます。

一九八九年、平成という新しい年号に変わった頃から、景気の伸びは徐々に鈍化していきました。株価も同年末に日経平均三万八九一五円の最高値をつけたものの、これをピークに急速な下降に転じ、決して下がらないと信じられていた地価も下落。九一年の四月を境に、五三カ月も続いた大型内需景気は終焉《しゅうえん》を迎えたのです。いわゆる、バブルの崩壊です。

私は、九〇年（平成二年）に二一世紀の伯東について、具体的なイメージを打ち出していました。

それは、伯東が輸入専門商社から国産品を含めた「総合エレクトロニクス商社」に転身しつつあることを示した上で、利益確保に向けていっそうの体質改善を進める。さらに数年以内に株式を公開するというものでした。

そして九五年（平成七年）三月、日本証券業協会に株式を店頭登録しました。株式の公開がなったのです。その後、九九年（平成一一年）に東証二部に上場、二〇〇〇年（平成一二年）にはついに東証一部上場と、順調に進めることができました。

第五部　心からの愛を

——家族へ、そして世界中の人々へ——

息子たちの教育

創業して数年間は、経営者として必死に社内でのコミュニケーションの充実を図っていた私ですが、しかし、家庭内コミュニケーションとなると、おぼつかなくなってきます。

「ボクは金をかせぐために外へ出にゃならん。ボクは一歩外に出たら、家のことは考えないよ。家のことは全部、君の責任で管理してくれ……」

家内に向かってそんなセリフを吐いて、家を出て行くくらいです。その頃の私は、常にパスポートと現金を身につけて、いつ電話がかかってきてもすぐに海外に飛び出すことができるように準備していました。年に二〇回くらいは海外に出て、世界を飛び回って仕事に励んでいたのです。

父親がそんな状態ですから、ウィークデイの我が家は母子家庭のような有様。それでも、子どもたちがすくすくと育つ様子を見ているのは、私の何よりの喜びでした。また、家内のおかげでもありました。

日本に住んではいるものの、子どもたちにも英語教育を受けさせたい、と私は考えました。

英語は日本だけにとどまらず、広い世界で生きていくために必要なパスポートです。

長男ジョン一郎が三歳になると、英語の保育園に入れました。最初は、泣いてイヤがりましたが、スペイン系の優しいシスターが「大丈夫、二週間もすれば慣れるから」と言ってくださって、実際、その後は楽しく通っていたようです。次男トーマス健は、四歳から、やはり外国系の保育園に通わせました。もちろん、長男、次男はアメリカンスクールの幼稚園に入れました。

学校も、英語で教育を受けさせるため世田谷のセント・メリーズというインターナショナル・スクールに入学させました。セント・メリーズは小・中・高一貫の男子校で、外国籍の子どもが多く、全て授業は英語で行なわれます。スポーツも盛んで、文武両道。セント・メリーズの高校を優秀な成績で卒業すると、世界の一流大学に推薦で入れるほど高いレベルを保ったインターナショナル・スクールです。

三男のスティーブン龍太郎だけは、最初、日本の小学校へ入学させました。東大の高木昇教授に、日本で育てるのなら、ひとりくらいは日本の教育を受けさせたほうがいい、という助言をいただいていたからです。しかし、やはり兄弟、同じ学校に通わせないと可哀相、というのが家内や兄ふたりの意見。私は四対一の多数決で負けて、三男も小学三年からはセント・メリーズへ通わせるようになりました。

小、中学校時代には、長男、次男ともにボーイスカウトに熱中していました。小学二年生から五年生までのボーイスカウトになる前の年齢の子どもが参加するカブスカウトに始まって、ボーイスカウトの上の年代、イーグルスカウトまで進級していきました。

私もこの活動には時間の許す限り協力しましたし、妻もカブスカウトの母親的役割の「デン・マザー」になって熱心に手伝っていました。

次男のトーマス健が九歳の時に面白い事件がありました。次男は、当時あまり英語が得意でないため、学校の授業についていくのが難しい、というので夏休みの間、カリフォルニアのバー七一七というサマーキャンプに送り込むことにしました。ご存じのように、アメリカでは夏休みに子どもをキャンプに入れることが盛んです。英語の勉強にもなるし精神的にも肉体的にも逞しくなるだろう、と二カ月間の武者修行に放り込んだのです。私は自分で前もってそのキャンプを実地に調査し、これなら間違いないと感じてキャンプに入れたのでした。

キャンプが終わって、次男が帰ってくるというので私が羽田に迎えに行きました。まだ、当時は成田国際空港がなくて、国際便も羽田空港離発着です。エアポートの雑踏で、日に焼けて少し逞しくなった息子の姿を見つけて駆け寄りました。久々の父子の対面です。が、息子は、なんだかぎこちなく押し黙っています。

「おい、どうした?　口がきけなくなったのか?」

次男の顔をのぞき込んでみると、何だか真剣な顔をしています。

「おい、ケン」

すると息子は、思い切ったように、

「I want to go to toilet」

そう。トイレに行きたかったのに、何と日本語を忘れてしまったらしいのです。トイレがどこか聞きたいのに、日本語は出てこない。まだ九歳の少年ですから、日本に帰って来て英語でしゃべっていいものかどうか迷っていたらしいのです。

次男は二カ月間の完全な英語漬け生活で、日本語のほうはすっかり忘れていたようですが、英語は素晴らしく上達していました。

この後も英語中心の生活をし、アメリカで暮らしたりしている間に、息子たちはすっかり英語がうまくなる一方、日本語はへたになるばかり。父と子の会話は、今ではほとんど英語になっている状態です。

家族そろってカリフォルニア暮らし

会社が海外に拠点を広げていくのと、おおよそ時を同じくして、我が家も家族で、一時アメリカに移り住んでいました。

当時、自宅は池尻から東京都町田市に移していました。池尻の家のそばに東名高速ができて自動車の排気ガスがひどく、飼っていた小鳥が死んでしまうほどで、これではたまらぬと、空気のきれいな郊外の町田市つくし野に引っ越したのですが、そこに二年ほど住んだでしょうか。その後、セント・メリーズの近くに住居を移すことになるのです。

子どもたちが成長してくると、アメリカの大学への進学を検討するようになりました。そのためにはアメリカの大学予備校に入れることが大切と友人からのアドバイスを受け、三人ともカリフォルニア州サンノゼ市のベラミンカレッジ・プレパラトリースクールへ入学させました。子どもたちはそろってアメリカに暮らすことになったわけです。

どうせなら家族で向こうに住もうと、カリフォルニアに家を探すことにしました。私と家内の夫婦の部屋に、子ども三人それぞれの部屋、当時は、家内の母親も一緒に住んでいましたので、そのお祖母ちゃんの部屋も必要。それからお手伝いさんもいたので、彼女の分も、合わせてベッドルームは六室なくてはなりません。北カリフォルニア有数の高級住宅地、アサトンに希望通りの家を見つけて移り住みました。

およそ四年間、家族はアメリカで暮らし、私は日本に住みながら、アメリカの家へ往ったり来たり。それでも、アメリカに住むのが私の念願でもありましたので、ふたつ拠点のある生活も苦にならず楽しむことができました。これはアメリカ人の親しい友人の骨折りのおかげでした。

そのうち、長男はエール大学へ、次男もホーリークロス大学へと進学。その後、三男が長男、次男の後を追って同じハイスクールに入学しましたが、その後母親ひとりが留守番では危険だということもあって日本に帰ろうという話になりました。

そこで、またまた日本へ引っ越し。よくよく私の人生は、アメリカと日本を往ったり来たりする運命になっていたようです。

義母の死、そして妻の発病

暗闇に鳴り響く突然の電話の音、私は、驚いて目を覚ましました。

その夜、私はアメリカはコロラド州デンバーのホテルにいました。SEMI（半導体製造装置の国際組織、国際半導体製造装置・材料協会）の役員会会議に出席するためです。私は一九八七年（昭和六二年）にはそこの理事に選出されていました。「初の日本人役員誕生」などと、新聞にも報道されていました。その日、会議とパーティーに出席して楽しくも有意義な時間を過ごし、心地よい眠りについたところを、深夜の電話でたたき起こされたのです。

時計を見ると夜中の一時を回った頃でした。なんだろう、こんな時間に……。眠い目をこすりながらも受話器をとると、日本から社長室長の飯久保君の声が耳元に飛び込んできました。

「えらいことになりました。おばあちゃんが今朝、急に亡くなりました。どのようにしましょうか」

妻の母親が亡くなったというのです。

「奥様はただ呆然として、何もできません。すぐ帰って来てください」

「え！　そうか。分かった。すぐに帰るから、そのままにしておきなさい。ボクが帰ってから何もかもやるから僕に任せればいい。妻が動転しているようだから、何とか力づけて落ち着かせてくれ」

と言って電話を切りました。

それから、すぐに息子たちに電話です。三人の息子たちは、その頃、みんなアメリカに住んでいました。それぞれが大学か医学部だったりして、それぞれの学校の寮に泊まっていましたが、全員に電話をかけました。

「おばあちゃんが亡くなったぞ。葬式に帰るから、明日の昼、一二時の飛行機に間に合うようにサンフランシスコの空港へ集合！」

翌朝、三人とも時間までにきちんと集まって、一緒の飛行機で帰国しました。一九九〇年(平成二年)、七月二二日一二時発のＪＡＬ便でした。

帰ってみたら、妻は憔悴しきった様子でした。私たちの姿を見ると、ぼろぼろと涙をこぼし、声も出ない状態です。

義母の死因は脳溢血。八七歳という年齢でしたが、まだ元気で自分のことはおおよそ自分でできる状態でした。それで、妻もそれほど神経質にはなっていなかったのです。義母が亡くな

故郷・香良洲の実家にて

った夜、妻は自宅に帰ってきていました。一晩くらいついていなくても大丈夫、と思っていたのでしょう。運悪く、誰もそばにいない夜に母親が脳溢血で倒れて亡くなった、そのことに、妻は大きなショックを受けていました。

「私がいない間に、冷たくなっていたのよ」

そう訴えるように話して、涙を流すのです。

ショックに追い打ちをかけるように、警察の事情聴取を受けたと言います。誰もいない時に死亡した場合、とくに警察は調査をします。他殺か自殺か自然死か？　それを調べるのが警察の仕事ではあるのですが、母を亡くしたばかりの妻・恵にとっては耐えられないことだったのでしょう。

義母の葬儀はカトリック教会で執り行ない、

遺骨は私が用意していたカトリック五日市霊園の高山家のお墓に入れました。

ところが、その後、妻の挙動が少しおかしくなったのです。何か変だと思って、アメリカに連れて行き、医者に診てもらったところ、アルツハイマー病だと診断されました。

私は、よく聞き取れなかったのですが、一緒についていた長男が詳しく聞いてくれました。長男は医者になっていましたので、そのあたりは確かです。日米の病院で、あらゆる治療をためしてもらいましたが、未だ治癒する方向には至っていません。

暗闇の中をさまよっている恵へ

義母の死に目についていてやれなかったことが、妻の心を、ずっと痛めつけていました。それが、発病のきっかけになったのではないかと私は思っています。あんなことがなかったら、もしかしたら今でも元気でいられたのではないか……と悔やまれます。

長男に言わせると、今、妻の知覚認知度は五パーセントくらいではないかとのことです。しかし、私には一〇パーセントくらいは分かっているのではないかと感じられます。長い年月、ともに暮らした夫婦だからこそ分かり合えるという部分もあるのかもしれませんが。

今、妻は二四時間、介護を必要とする状態です。ヘルパーさんや看護師さんに交替で看てもらうようにしています。

私も、夜は妻の隣のベッドに寝ていますが、真夜中の一二時と朝の五時にヘルパーさんが来てくれますので、アイマスクをして眠るようにしています。ただ、時々起きては、妻が暑いのではないか、寒いのではないかと室内の温度をチェックします。

家庭を守り、子を育ててくれた妻の功績は偉大でした。

まだ会社も大きくなく、株の問題で危機に瀕した時、私は妻に尋ねたことがあります。

「今、会社が苦しい状態で、先はどうなるか分からん。もしも僕が事業に失敗したら、子ども三人抱えて、君は大丈夫か?」

すると、恵は全く動じることなく、にっこり笑ってこう答えました。

「まかせといて。私は、日本語を教えるライセンスも持っているから、立派に働いて子ども三人を育てていくことができるわ。あなたは心配せずに、思う存分、事業をやってください」

我が妻ながら、実に立派な女性だと思いました。

みなさんは、私がよく妻の介護をしているとおっしゃってくださいますが、まだまだ、恵が私に尽くしてくれたことと比べると、遙かに及びません。

夜、帰宅して寝室に入ると、妻はすでに安らかに眠っています。薄暗い闇の中の部屋に、私は音をたてないように静かに入ります。夜一〇時半頃でしょうか。ふたつ並んだベッドのうちの一つに横たわっている動かない人の腕が急に少し動いて、上の方に上げられました。妻も私も無言です。静かな住宅街のアパートの一室です。

私は妻に近づき、眠っているかどうか確かめます。呼吸はしているようですが、無言です。私を見ているのかどうか分かりませんが、よく見ると薄く目を開けているようにも見えます。手は確かに上下に軽く動いているようです。

「もう眠ったの。まだ起きてるの?」と聞いても、相手は無言です。言葉が出ないのです。言葉も出ないし、私が何を言っているかも分からないようです。

もちろん軽く静かな腕の上下運動の他は、自分で自分の体を自分の思うままに動かすこともできません。全ては介護の方たちの助けによって限られた生活の全てをこなしている、いや、「こなさせられている」と言った方が正しいでしょう。私は静かに妻のそばに近寄って話しかけます。妻が元気だった時もそうしていたように、今日一日の出来事を妻に報告します。時には、仕事のこと、家庭のことで困ったことが起きると、妻に相談することもあります。

もちろん目が覚めていても、妻に反応はありません。相談事に答えてくれることもありません。でも、それでも私には十分なのです。どんなことでも口に出して話せる相手が、生きてそこに在ることで、私がどれだけ癒されているか、分かりません。

「もう遅いんだから寝ようね。僕は隣のベッドに寝てるから、安心して眠って頂戴。でも、寝る前に神様に祈ろう。はじめに『主の祈り』、その後で『マリア様の祈り』を唱えようね。いい？」

そう言って、私は祈りをささげます。

「天にまします我らの父よ。願わくば……アーメン。それではマリア様のお祈りをしましょう。めでたし聖寵に満ちみてるマリア……父と子と聖霊の御名によってアーメン」

返事はありません。

「神様はきっと私たちの願いを聞いてくださって、君も元気を取り戻すに違いない。頑張ろうね……」

恵の唇は、かつて私に愛を語り、子どもたちを叱りつけました。

恵の手は、かつて家族のための料理を作りました。かつて家族のために洗濯をし、掃除をしてくれました。帰宅した私の背広を脱がしてくれました。

1998年頃、息子らの家族とともに記念撮影

その唇は今は言葉を発しません。艶も失ったその手は細くなり、何か役に立つ動きをすることはありません。でも、それは血が流れている限り、いつまでも恵の唇であり、恵の手なのです。

私は妻の手を軽く握って心の中で祈ります。祈ることのみが私たちの救いなのです。彼女の口から言葉が出るように、彼女が人の言葉を理解できるように、お祈りするのです。そして軽く手を握り、頬に接吻して、

「おやすみ……」

その時、彼女はうなずいているように見えます。

私は絶望などしていません。いつの日か、この病気の特効薬ができるでしょう。その時を待

ちながら、一日でも一時間でも恵を長生きさせることが私の務めだと思っています。千にひとつ、万にひとつのチャンスがある限り、私は負けません。

創業者利益は国際社会に還元

実は株式を一九九五年（平成七年）に店頭公開した時、多額の創業者利益が出ました。私は、私財を増やす気は毛頭ありませんでした。そこで、株式上場で得たまとまった資金は貧しい人や社会に役立てるために使うことにしました。とくにアジア各国の貧しい人を支援することで、日本がアジアで受けている誤解を解くことの一助になれば、と考えたのです。

そこで、二〇〇一年（平成一三年）、「髙山国際教育財団」を設立しました。文部科学省の認可の下、東南アジア、東北アジアからの留学生、就学生をサポートしています。大学の留学生だけでなく、日本で日本語を学んでから大学に進む就学生も対象にしているのが特徴で、奨学金を出したり、彼らのための寮を提供したりして支援しています。

現在、メンバーは五〇名前後。中国、韓国、シンガポール、スリランカ、タイ、フィリピン、

2003年３月、髙山国際教育財団での奨学金授与式

マレーシア、インドネシア、台湾などからの学生たちです。日本が過去アジアの国々に行なってきたよくないことを少しでも償い、日本に対する誤解を解きたいとの気持ちを込めています。日本文化を知るための交流も盛んです。二カ月に一度の例会や、みんなで旅行に行く機会を作ったりもしています。お金を出すだけでは、こういう財団は本当には生きていきません。心から愛情を注ぎ込まなくてはならないのです。

　私は、立派な子どもを育てるのが大人としての義務だと思っています。子どもは社会の希望と宝です。ボーイスカウトの協力活動をしながら改めて感じたのですが、我が子に限らず、子どもが成長していく過程を見るのは素晴らしいことです。

2000年、三重県香良洲町の浜っ子幼児園の開園式にて

「恵まれない人のために役に立ちたい」というのが、かねてからの私の念願でした。

聖書のマタイによる福音書第六章に次のような言葉があります。

「あなたは施しをする時、右手のしていることを左手に知らせてはいけない」

他人への恵みなどの善行は、自らの心の中に秘めるべきで、人に吹聴するものではないという教えです。私は、これを心に銘じてきましたが、他に同じような行動を起こす方々の何らかの参考になるのではないかと、今、こうして書きつづっています。

終わりに

この自伝は、会社の創立三〇周年頃までのことが主で、以後のことにはほとんど触れていません。それ以後のことについては、少し長くなりますので、また別の機会に譲りたいと思います。

振り返ってみると、私は、運にも恵まれました。英語力が大きな武器ともなりました。戦争に行ったことで、一旦なくした命だから惜しくはないと、全てをかけて、己の犠牲を厭わず会社を経営してきました。五〇年間、全精力を注ぎ込んできましたが、つまるところ、情熱が勝負だったかと思います。

家内には、彼女がまだ健康だった三〇年も前から、「あなたの歩んできた道を書き記してみては……」と何度も言われていたのですが、忙しくて時間がありませんでした。「それならあなたがお話ししてくだされば私が書きますから」とも言ってくれたのですが、当時、会社はまだ発展途上で、私にはそれだけの余裕がありませんでした。しかし、米寿を過ぎて、家内が重い病気になった今、少し記憶をたどって私の半生をまとめてみる気持ちになりました。家内の病気が奇跡的に回復してこれを読んでくれたら、どんなに喜んでくれるだろうかと思わずにいられません。

家内の病気は現実です。でも私は家庭的には恵まれました。三人の頼もしい息子たち、優しい嫁たち、可愛い孫たち。家内・恵の五パーセントだか一〇パーセントだかの残された記憶のひだの中にも、家庭が円満で幸福だった事実は、今もしっかりと刻み込まれていると信じています。その意味では、私は本当に幸せな人生を歩んでくることができた。そう、神様に感謝しています。

本書の出版にあたりましては、新宿通りに面した我が社の真ん前にあり、いろいろのアドバイスやお世話をしてくださった出版社・文芸社の皆さまにお礼を申し上げます。ことに編集担当の江川京さんには、心から感謝いたしております。

高山成雄関係年表

1906年（明治39年）　父・七之烝、移民として渡米
1910年（明治43年）　父・七之烝、母・よねと「写真結婚」
1916年（大正5年）　5月27日　成雄カリフォルニアに生まれる
1919年（大正8年）　ひとりで帰国。三重県の祖父母に預けられる
1923年（大正12年）　三重県香良洲村にある矢野村尋常高等小学校へ入学
1929年（昭和4年）　津中学へ入学
1930年（昭和5年）　6月　カリフォルニアに住む両親に呼び戻されて再び渡米
7月から1カ月間、英語の勉強のためにアメリカ人の家庭に住み込みでスクールボーイとして働く
9月　ロスアンゼルスのジュニアハイスクールの2年クラスに転入
1932年（昭和7年）　9月　ローズベルト・ハイスクールへ入学
1935年（昭和10年）　ハイスクール卒業時、California Scholarship Federation賞並びにEphibian賞を受賞
両親とともに帰国。名古屋中学4学年へ編入学
4月　名古屋高等商業学校（現・名古屋大学経済学部）へ入学
1937年（昭和12年）　7月　盧溝橋事件を契機に日中戦争が勃発

1940年（昭和15年）　3月　名古屋高等商業学校卒業
4月　伊藤忠商事に入社
8月　父死去
1941年（昭和16年）　3月　ニューヨーク派遣が一旦内定後、中止
12月8日　真珠湾攻撃、日米開戦
1942年（昭和17年）　1月　教育召集で入隊、3カ月の特訓を受ける
9月　召集。野戦要員で歩兵第151連隊に配属
11月　中国の133連隊の第3大隊に編入
1944年（昭和19年）　関東軍、「大陸打通作戦」いわゆる1号作戦を開始。第7中隊第3小隊長として従軍。汨水の渡河作戦に参加、第7連隊第3小隊長を拝命し、その後第7中隊長代理を命ぜられ、7月1日、陸軍少尉任官。衡陽近くの高地での戦いで重傷。長沙の野戦病院へ。以後、上海、南京、奉天と各地の陸軍病院を転送、朝鮮半島を下って釜山近くの温泉で療養
1945年（昭和20年）　1月　博多港に着き、京都陸軍病院に収容
6月　帰郷療養休暇
7月　久居の連隊に復帰。直ちに敦賀の歩兵第19連隊に配属
8月　終戦。騒ぎ出した米・豪兵の捕虜収容所との交渉に当たる
1946年（昭和21年）　福井軍政部の軍政官ハイランド中佐の秘書兼通訳として働き始める
1948年（昭和23年）　6月28日　福井大地震。死者・行方不明者約4000人を数える

髙山成雄関係年表

1949年（昭和24年）役割を終えた軍政部引き揚げが決まり、軍政部を去る
1951年（昭和26年）夏　ロスアンゼルスの移民局で米国籍の復活を要請
但し、条件を付けられたためニューヨークに行き、ワシントンの移民局で
目的を達成。その後、在ニューヨーク日本国総領事館に現地採用
クロス社と代理店契約を結ぶとともに、ウエスタン・エレクトリック社べ
ル研究所で水晶の加工技術を学ぶ
1953年（昭和28年）5月　帰国
11月7日　銀座・雲鏡ビルにて伯東株式会社設立。資本金500万円
12月24日　母・よね死去
1954年（昭和29年）10月　資本金を600万円に
1955年（昭和30年）1月　日比谷の日活ホテルで浅川恵と見合い
7月6日　妻・恵と結婚。三鷹の新居に住む
信用保証で1000万円の借金。東洋通信機に援助を依頼
1956年（昭和31年）1月　伯東、日本橋・共同ビルへ移転
5月　日光へ初の社員旅行
世田谷区池尻に自宅を購入、増築
1957年（昭和32年）米国フェルカー社の水晶カッターを輸入販売
長男・ジョン一郎誕生
1958年（昭和33年）4月　ベックマン・インストルメンツ社と総代理店契約

1959年（昭和34年）　次男・トーマス健誕生
　　　　　　　　　　8月　資本金を1000万円に
1960年（昭和35年）　4月　伯東、港区芝琴平町の虎ノ門産業ビルへ移転
　　　　　　　　　　金属腐食率測定装置・コロゾメーターの販売を開始
1961年（昭和36年）　11月　鬼怒川温泉ホテルにて創立10周年記念行事
1962年（昭和37年）　8月　子会社第一号、「伯東化学株式会社」を設立
1963年（昭和38年）　同月　資本金を1500万円に
　　　　　　　　　　三男・スティーブン龍太郎誕生
1964年（昭和39年）　米国アーカンソー州リトルロック市の名誉市民に
1966年（昭和41年）　8月　朝礼を開始
1967年（昭和42年）　社員100名を突破
　　　　　　　　　　4月　ミュンヘンに初の海外事務所を設置
　　　　　　　　　　9月　資本金を2250万円に
1968年（昭和43年）　11月　椿山荘にて創立15周年記念式典を挙行
1969年（昭和44年）　5月　資本金を4500万円に
　　　　　　　　　　12月　技術課を独立させ「伯東エンジニアリング株式会社」を設立（86年吸収合併）
　　　　　　　　　　同月　ロンドン駐在員事務所設置
1970年（昭和45年）　10月　ロンドン駐在員事務所がロンドン支店に

高山成雄関係年表

1971年（昭和46年） 1月 大阪出張所を大阪支店に昇格

1972年（昭和47年） 2月 米国駐在員事務所開設
10月 第1回体育大会を開催
4月 シカゴの米国駐在員事務所を現地法人第一号の「Hakuto International Inc.」に改組（75年Shigma Inc.と改称）

1973年（昭和48年） 5月 香港支店開設
11月 ホテルオークラにて創立20周年記念式典を挙行

1974年（昭和49年） 12月 香港支店を現地法人「S&T Enterprises Ltd.」に改組
フランクフルト、ロンドンに現地法人設立

1975年（昭和50年） 12月 伯東化学がナルコ・ケミカルとの合弁会社「伯東ナルコ化学」として新発足

1976年（昭和51年） 4月 電子機器輸入専門商社が集まってＪＥＰＩＡ（日本電子機器輸入商社懇談会、現・日本電子機器輸入協会）を結成。高山、代表幹事に

1977年（昭和52年） 6月 資本金を1億３５００万円に増資
10月 S&T Enterprises Ltd. シンガポール支店開設

1978年（昭和53年） 11月 東京會舘で創立25周年の記念祝賀会

1980年（昭和55年） 7月 伯東、新宿区新宿1丁目に本社ビル完成

1981年（昭和56年） 5月 発足当初のＪＥＰＩＡ代表幹事から、会長に就任

1983年（昭和58年） 11月 創立30周年記念事業として（財）日本国際教育協会に伯東基金を設立

1984年（昭和59年）　2月　伯東基金設立について伯東株式会社が紺綬褒章を受章
4月　伯東化学、ナルコ社との合弁を解消
5月　日本機械輸入協会理事に就任
1987年（昭和62年）　6月　資本金を3億1100万円に増資
5月　SEMIの理事に就任
1988年（昭和63年）　6月　中曽根総理から貿易表彰受賞
11月　外国系半導体商社協会（DAFS）設立、会長に就任
1989年（平成元年）　6月　伯東株式会社、貿易貢献企業表彰受賞
1990年（平成2年）　1月　「株式会社ヒューマンリソーシスインターナショナル」設立
6月　SEMIの名誉理事に就任
同月　資本金を5億1400万円に
7月　義母死去
1991年（平成3年）　2月　資本金を10億5000万円に
4月　伯東が伯東化学と合併
同月　春の受勲で藍綬褒章を受章
6月　関西支店設立
1995年（平成7年）　3月　株式を店頭公開登録。資本金を13億8161万円に
4月10日　初孫誕生
1996年（平成8年）　1月　「伯東バルザース株式会社」設立（1999年9月解散）

1999年（平成11年） 2月 株式を東証二部に上場
2000年（平成12年） 1月 「伯東インフォメーションテクノロジー株式会社」設立
3月 紺綬褒章受賞
同月 株式を東証一部に（上場）指定替え。資本金81億円に
6月 伯東、代表取締役会長に
郷里三重県香良洲町の「浜っ子幼児園」設立支援
香良洲町名誉市民に
11月 東京商工会議所新宿支部貿易分科会長に就任
2001年（平成13年） 3月 連結売上1000億円 突破
5月 「高山国際教育財団」設立
2002年（平成14年） 2月 IBM製品の販売地域をアジアに拡大
9月 「Hakuto California Inc.」設立
2003年（平成15年） 1月 「伯東A&L株式会社」設立
3月 ハクトロニクス株式会社吸収合併
5月 (社)日本経済団体連合会評議員に就任
11月 ヒルトン東京で創立50周年の記念祝賀会を挙行
2004年（平成16年） 10月 SEMIグローバル・リーダーシップ・アワードを受賞

著者プロフィール

高山 成雄（たかやま しげお）

1916年（大正５年）５月、アメリカ・カリフォルニア州に生まれる。

1919年（大正８年）、ひとりで帰国し、三重県の祖父母の元へ。

1940年（昭和15年）、名古屋高等商業学校卒業、その後、伊藤忠商事株式会社に入社。

1942年（昭和17年）、応召。

1945年（昭和20年）、召集解除・除隊。その後、米軍福井軍政部勤務。

1951年（昭和26年）、ニューヨーク日本国総領事館勤務。

1953年（昭和28年）、伯東株式会社設立。

2000年（平成12年）３月、伯東株式会社、東証一部に上場。同年６月、代表取締役会長に就任。

現在に至る。


1987年（昭和62年）６月、中曽根総理大臣（当時）より貿易表彰受賞。

1991年（平成３年）４月、藍綬褒章受章。

2000年（平成12年）３月、紺綬褒章受章。

ふたつの祖国に育まれて ―日本とアメリカ往ったり来たり

2005年2月15日　初版第１刷発行

著　者　高山 成雄
発行者　瓜谷 綱延
発行所　株式会社文芸社
〒160-0022　東京都新宿区新宿1－10－1
電話　03-5369-3060（編集）
03-5369-2299（販売）

印刷所　図書印刷株式会社

ISBN4-8355-6840-0